Manille,

embarquement immédiat

Le monde à cœur battant

Cécile Quiniou

Manille,

embarquement immédiat

MAME

Illustration de couverture : Félicité d'Hautefeuille

Direction : Guillaume Arnaud
Direction éditoriale : Sarah Malherbe, Sophie Cluzel
Édition : Pauline Trémolet et Olympe Richez, assistées de Sophie Harinck

Fabrication : Thierry Dubus, Anne Floutier

www.fleuruseditions.com
ISBN : 978-2-7289-1748-8
MDS : 531 304
N° d'édition : 13207

À ma chère Pollak, pour cette belle aventure !
À Enfants du Mékong,
pour leur action extraordinaire auprès des petits d'Asie.
À « Father Dan », en remerciement de sa bonté,
de sa douceur et de sa bienveillance constante
dans les bidonvilles de Manille...
À mon amour d'Antoy, en lui souhaitant le vrai bonheur.
À ma famille, à mes amis et à mon « petit Bobby »,
pour la vie !

Partir c'est mourir ?

22 août, dans l'avion

– Puis-je vous servir quelque chose à boire, mademoiselle ?

– Un Coca light, s'il vous plaît.

Je réponds à l'hôtesse de l'air sans détourner mon regard du hublot. Elle me sort d'un demi-sommeil et je réalise avec désespoir que le cauchemar est toujours bien réel. Je la remercie et engloutis ma cannette d'une traite.

– Ne pleure pas, ma Jade chérie, tu verras, nous allons être heureux là-bas.

Maman tente de me réconforter avec cette voix compatissante qui a le don de m'exaspérer.

– Je ne pleure pas ! C'est le Coca qui me pique les yeux !

Je remets rageusement les écouteurs de mon iPod dans les oreilles. Je ne vois pas comment je pourrais être heureuse loin de ce que j'aime ! J'avais pourtant prié Dieu pour ne plus jamais partir, pour ne plus souffrir… Mais pour la énième fois je pars. Et ça fait mal.

« Mesdames et messieurs, nous allons bientôt amorcer notre descente vers Abu Dhabi. Veuillez attacher votre ceinture et relever le dossier de votre fauteuil… »

La douce voix du haut-parleur m'arrache à mes pensées mélancoliques. Elle se décline en français, en anglais, puis dans une langue qui doit être de l'arabe puisque c'est dans les Émirats arabes que nous atterrissons maintenant. Cela fait plus de six heures que nous sommes en plein ciel, enfermés dans cet oiseau de malheur aux ailes de fer, et je ne suis pas mécontente de faire enfin escale. Sur l'écran en face de moi, une carte permet de suivre l'avancée du trajet : nous avons déjà survolé l'Europe et le Moyen-Orient. C'est incroyable tout ce chemin parcouru en aussi peu de temps… Je ne suis jamais allée aussi loin, ce n'est pas faute d'avoir déménagé pourtant… Je suis née en Pologne, j'ai appris à marcher en Espagne, puis j'ai fait ma première rentrée à l'école au Maroc… Par chance, je n'ai plus quitté la France depuis mon entrée au collège.

Avec maman et Thomas, mon frère cadet âgé de 12 ans, nous allons nous poser pour quelques heures à Abu Dhabi, puis nous embarquerons à bord d'un autre avion vers notre ultime destination : l'Asie du Sud-Est, dans l'archipel des Philippines, à Manille. Je me suis vraiment angoissée en imaginant cette nouvelle vie : nous partons bel et bien à l'autre bout du monde, où nous allons retrouver papa qui y habite déjà depuis deux mois.

A priori, nous partons au minimum pour une année : autant dire une éternité ! Papa est un hônôraaaable médecin, internationalement reconnu. C'est pourquoi les pays se l'arrachent. Il vient d'être nommé à Manille pour y prendre la tête de la mission permanente de l'ONU et continuer son œuvre auprès de l'organisation Médecins du monde. Comme d'habitude, nous suivons, sans pouvoir dire quoi que ce soit.

Aujourd'hui, c'est le 22 août, et la rentrée scolaire est prévue pour le 15 octobre au lycée français de Manille : ce délai ne sera pas de trop pour m'habituer à ma nouvelle vie dans ce pays inconnu.

L'enjeu est de taille car, à la fin de l'année, je passe le bac et, pour ne rien arranger, je suis inscrite en double cursus, français-anglais ! La moitié des matières seront en anglais : littérature, histoire, sans parler de mon option, mathématiques… Ayant déjà redoublé, je ne peux pas me permettre un nouvel échec : la pression est importante. Je vais devoir travailler dur, sans courage ni motivation et avec des cours tout en anglais, ça va être chaud ! Je suis plutôt douée pour les langues, mais de là à faire de la chimie dans la langue de Shakespeare… Il va me falloir une bonne remise à niveau et des cours de soutien !

Si seulement je n'avais pas raté ma seconde, j'aurais pu rester à Paris cette année… J'aurais logé dans une chambre de bonne sous les toits de Paris, celle qui est juste au-dessus de chez ma tante. J'aurais fait du baby-sitting et d'autres petits boulots pour payer mes sorties, ma nourriture et mes habits : j'aurais été libre, plus autonome. J'ai hâte d'être à l'an prochain, mon bac en poche, pour pouvoir étudier l'histoire de l'art à la fac, ou à l'école du Louvre comme en rêve maman… Mais il ne faut pas trop rêver, je n'aurai probablement jamais le concours…

Comment mes parents peuvent-ils m'infliger de partir si loin et si longtemps ? Si j'échoue au bac, ce sera quand même un peu de leur faute, ils ne pourront pas me le reprocher !

Il faudrait pourtant que je l'obtienne ce diplôme, ne serait-ce que pour profiter un peu de ma majorité, de mon indépendance, et rentrer en France au plus tôt !

Welcome to the Hotel California
Such a lovely place, such a lovely place
Such a lovely face…

Hotel California retentit dans mes oreilles : j'adore ! Mentalement, je suis presque de retour à la maison... J'affiche toujours un sourire satisfait quand j'entends ce tube intersidéral, je me sens indestructible !

Je fouille dans mon sac à la recherche d'un chewing-gum. Ma main s'arrête sur une petite enveloppe froissée. Je me souviens que Mouna, ma grand-mère chérie, m'a donné un mot à lire dans l'avion quand nous nous sommes quittées il y a deux semaines. C'est peut-être le moment de le lire. Un peu hésitante, le cœur battant, je déchire l'enveloppe. L'émotion me pique déjà les yeux.

Saint-Roman-les-Melles, ce 10 août

Ma Jade chérie, mon petit ange,

Je t'écris ce petit mot avant le grand départ. Si tu le lis, tu dois déjà être en train de survoler le monde vers un inconnu qui te fait peur. Certainement regrettes-tu déjà ton amie Amélie et peut-être même cet « obligeant » Henri, dont le nom t'a échappé à plus d'une reprise cet été...

Je voudrais que tu saches que nous sommes, Bon Pap' et moi, toujours à tes côtés malgré la distance qui va bientôt nous séparer.

Je sais que tu es très malheureuse de nous quitter, nous et tes amis, ainsi que ton pays. Tu es très en colère contre ton papa et tu te sens seule, peut-être même un peu trahie par ceux qui précisément t'aiment plus que tout au monde, tes parents, simplement parce qu'ils ne font pas ce que toi tu juges le mieux pour toi. Je le comprends. Mais je t'en supplie, ne te morfonds pas et ne doute jamais que « c'est toujours le meilleur qui se fait ». C'est une grande chance pour toi de pouvoir découvrir un nouveau pays en famille.

Bon Pap' et moi nous te portons dans notre cœur et jamais, au grand jamais, nos pensées et prières ne t'abandonneront ! Nous t'aimons tendrement et sommes vraiment fiers de la belle jeune fille que tu es. Notre seul désir maintenant est que tu sois heureuse ! Nous savons que tu auras la force de toujours espérer et d'avancer. Nous avons confiance. Tu ne seras jamais seule !

Prends soin de toi, de ton frère, et aime tes parents car ils t'aiment énormément...

Envole-toi sereinement, mon trésor, et à très bientôt en France, aux Philippines ou ailleurs !

Je t'aime de tout mon cœur et Bon Pap' aussi !

Nous prions pour toi, quotidiennement et avec toute la ferveur possible.

Ta Mouna

Je ne peux m'empêcher de laisser couler une larme, et cette fois-ci le Coca n'y est pour rien. Ma Mouna... Elle me connaît si bien ! Elle a même repéré mon affection pour Henri... Lui et moi sommes... un peu... *in love*, comme dirait maman ! Sans nous l'être jamais vraiment avoué, nous sommes très attachés l'un à l'autre... Je regrette de n'avoir pas eu le courage de lui parler de mes sentiments avant de partir : maintenant, séparés par onze mille kilomètres, ça va être plus compliqué de communiquer...

Conseillère bienveillante, Mouna s'est toujours évertuée à me convaincre d'être une personne saine et droite : « Quitte à être différente, ma belle, sois-le dans le bon sens et surtout, ne désespère jamais ! » Elle dit aussi qu'en amour les choses bien faites sont forcément belles. Il faut que je m'en souvienne toujours, que je m'en fasse tatouer le cœur.

Cette femme extraordinaire, c'est la mère de maman. Avec la même attention maternelle, maman s'adresse toujours à moi avec le ton de celle qui aime et qui sait : « Ma chérie, il faut apprendre à savoir tout quitter tout le temps. La vie réserve souvent des surprises aux hommes : il faut les recevoir comme un cadeau même si cela n'y ressemble pas, car c'est alors le meilleur qui se prépare. Avant tout, mon trésor, il faut avoir confiance. » Maman m'avait glissé ce mot sous la porte de ma chambre alors que nous déménagions encore une fois, cet été-là, depuis le chaud Pays basque jusqu'à ce Versailles royal et rigide… « Docteur papa » était alors muté à Paris pour diriger le pôle des maladies tropicales à l'Hôpital américain de Paris, et ce pour quatre ans. « Merci bonsoir ! »

À 12 ans, je n'avais pas vraiment saisi le message. Il m'avait été impossible, à l'époque, de comprendre ce que maman voulait dire. « Apprendre à tout quitter » signifiait pour moi perdre, soit plus simplement mourir. Alors merci, mais non ! Et à bien y réfléchir, je ne suis toujours pas d'accord. J'ai l'impression de mourir un peu loin de mes amis, de mon école, de toute cette vie qui va continuer sans moi. Trop jeune, j'avais refusé ce conseil avec colère : non, je ne voulais pas apprendre à « tout quitter » sans me révolter, je ne voulais rien « perdre », ni « mourir » !

« Mais maman ! Il n'y a que des coincés à Versailles ! »

Je les connaissais bien, les Versaillais ! De 8 à 12 ans, j'avais passé mes étés dans les Deux-Sèvres à fréquenter les voisins de Mouna et Bon Pap' : les « Garinattes de Montalis-Chafford »… de Versailles évidemment, cette dernière particule placée comme la prolongation naturelle d'un nom de famille qui en dit déjà long !

Amélie, ma meilleure amie, venait souvent passer les vacances chez mes grands-parents. Nous nous sommes rencontrées à ma première rentrée au collège en France. J'étais angoissée à l'idée de changer de nouveau d'école et de ne connaître personne, mais j'ai rencontré Amélie. Elle m'a tout de suite prise sous son aile et, depuis, nous ne nous sommes plus quittées. Même lorsque j'ai dû suivre papa aux quatre coins du pays, nous sommes restées en contact et avons passé tous nos étés ensemble, en compagnie de Mouna et de Bon Pap' – et de leurs voisins versaillais. Pour nous moquer gentiment d'eux, nous les appelions les « Verchââillais », en exagérant l'accent emprunté et chuintant de Marie-Catherine Garinattes de Montalis-Chafford, mère de famille remarquable mais avec des goûts vestimentaires qui nous faisaient souvent pouffer de rire : avec Amélie, nous étions persuadées qu'elle achetait ses jupes-culottes chez Mondial Moquette… Et pourtant, nos deux familles, bien différentes en apparence, étaient assez proches sur l'essentiel. Nous étions tous animés par une foi profonde, et partagions les valeurs qui en découlent. Nous nous donnions sincèrement et religieusement « la paix du Christ », chaque dimanche de vacances à la messe. Le reste, finalement, n'appartenait qu'à chacun d'entre nous.

Pourtant, il avait beau y en avoir de tous les âges, je ne me suis jamais vraiment bien entendue avec les huit enfants de Marie-Catherine. À l'exception de Gaspard, le troisième de la famille. C'était un garçon mystérieux, drôle, très créatif et courageux, avec qui j'ai passé de très bons moments. D'ailleurs, je ne l'ai jamais considéré comme un Garinattes tant il était différent d'eux et libre. Malgré ses trois années de plus que moi, Gaspard me traitait toujours comme son égale. Grand, la peau claire, des cheveux épais et bruns qui contrastaient avec ses yeux verts qui regardaient toujours bien en face, il était vraiment sympathique quand j'y repense. Je le reverrais avec plaisir.

Je me souviens du jour où nous avions cueilli en cachette toutes les poires du jardin de Bon Pap', celles qu'il cultivait avec tant de soin. Nous avions tout saccagé et Gaspard s'était dénoncé tout seul pour que je ne me fasse pas trop gronder... J'avoue que s'il n'avait pas été de cette famille-là, j'en aurais certainement rêvé comme d'un prince très charmant.

Et puis un jour, les Garinattes de Montalis-Chafford de Versailles ont déménagé à Chicago, aux États-Unis, et nous ne nous sommes jamais revus. *That's life, right ?* Je ne sais pas ce qu'est devenu Gaspard. Quel métier et quel chemin a-t-il bien pu choisir ?

Mince ! Mon iPod, plus de batterie !

Je sors de mes rêveries, agacée, retire mes écouteurs et me joins, maussade, à la conversation voisine :

– Il y a combien d'îles aux Philippines, maman ? questionne Thomas.

– Plus de sept mille, mon trésor, c'est le plus grand archipel du monde. Sur ces îles, il y a des montagnes verdoyantes, des rizières où l'on cultive le riz, des volcans encore actifs, des lagons secrets, des criques paradisiaques et des plages somptueuses où nous irons passer vos vacances scolaires.

– C'est vrai ? Mais c'est trop bien ça !

Thomas est surexcité à l'idée – que je trouve puérile – de parader sur les plages ensoleillées dans son nouveau bermuda de surfeur, et avec, bien sûr, ses lunettes d'aviateur rapportées par papa lors de son dernier voyage en Chine.

Il est inconscient de ce qui nous attend vraiment. Thomas a 12 ans, « bientôt 13 », comme il dit. Je ne peux m'empêcher de le trouver niais. Comment peut-il dire que ce voyage est merveilleux alors que nous quittons tout ce que nous aimons ? Il m'énerve ! Je le trouve hypocrite et idiot. Ce n'est pas mon frère, c'est impossible !

– Et c'est aussi « trop bien » de tout quitter pour se retrouver dans une ville misérable, polluée, sale et dangereuse, dans une ville du bout du monde où la moitié de la population habite dans des bidonvilles ?

Je me suis un peu renseignée sur la ville de Manille avant de partir. Cette ville, c'est l'enfer. Tentaculaire et grouillante, *Manille is big !* Elle fait presque dix fois la taille de Paris ! Elle se compose de dix-sept villes différentes, avec quinze à vingt millions d'habitants ! Quand j'imagine qu'à Paris il n'y en a même pas trois millions…

Sur Internet, des articles disent que « 40 % de ces millions d'habitants vivent dans l'un des cinq cents bidonvilles de la ville ». Ça fait peur ! Sur certains blogs, des voyageurs décrivent un bidonville comme « un amas plus ou moins vaste d'habitats précaires et sales où la misère est concentrée et où les rats et les cafards fourmillent ». En fait, le mot « bidonville » désigne littéralement des « maisons en bidons », constituées de matériaux de récupération (cartons, plastiques, bâches et tôles, ou je ne sais quoi d'autre), où les gens pauvres vivent entassés comme des bêtes, au milieu de poubelles. C'est *gore*, tout simplement. Et nous allons habiter près de tout cela ?

Thomas se défend et me scande : « T'es super-naze, Jazz ! » « Naze » est le mot actuel préféré de mon poète de frère. Il apprécie la finesse de la rime. Un talent pareil, c'est affligeant. Il me nargue bassement ce chihuahua ! Quand il fait cela, il me rappelle étrangement cette race de chien « inutile, couineur, rachitique, bête et agressif ». Je manque de sauter à la gorge de Thom pour le faire taire. Je vais l'é-cra-bou…

– Stop ! Ça suffit, les enfants ! Calmez-vous tout de suite et attachez vos ceintures, nous allons atterrir ! s'interpose maman.

L'hôtesse de l'air la remercie d'un sourire soulagé, elle n'avait visiblement pas osé intervenir au milieu du pugilat qui se préparait.

J'obéis, rageuse, et ne dis plus un mot jusqu'à ce que les roues de l'avion raclent le sol brûlant du tarmac d'Abu Dhabi. Il est 11 heures du matin heure locale et il fait cinquante-deux degrés à l'extérieur. Le dépaysement promet d'être brutal.

– C'est quoi des bidonvilles, m'man ? demande discrètement Thomas, un brin inquiété par mon exposé.

Gagné ! Il est inquiet !

Maman lui répond furtivement qu'ils en reparleront plus tard. Pour l'heure, nous devons nous préparer à sortir de l'avion. Nous récupérons nos affaires, sortons du Boeing et nous précipitons dans les toilettes de l'aéroport pour nous rafraîchir. Nous n'avons emporté ni collants, ni chaussettes, ni chauds manteaux pour l'hiver : il n'y a pas d'hiver aux Philippines. À présent, nous n'avons besoin que de tee-shirts, de shorts et de tongs pour éviter de succomber aux fortes et continuelles chaleurs de ce pays de l'hémisphère Sud.

Une rencontre providentielle

23 août, Abu Dhabi

Avec Thomas et maman, nous restons deux heures à Abu Dhabi avant de repartir. Le temps de déjeuner local, de flâner dans les boutiques et de nous dégourdir les jambes, avant la petite dizaine d'heures de vol qui nous attend. C'est aussi l'occasion pour moi de m'isoler un peu. Je suis déprimée, j'ai tellement envie de pleurer…

– Maman, je vais m'asseoir dans le hall central près des portes en vous attendant, on s'y retrouve plus tard ?

Maman acquiesce, nous nous retrouverons à 15 heures pour l'embarquement.

Je m'installe sur l'un des tabourets qui font face à la baie vitrée donnant sur les pistes. J'observe, perdue dans mes pensées maussades, le bal des avions qui atterrissent, se déplacent au sol ou décollent. Il y en a un au loin qui arbore sans vergogne le logo d'Air France. Il doit certainement repartir pour Paris. Je le prendrais bien, discrètement, sans prévenir… Autour de moi, l'ambiance est particulière : tout est différent. Les femmes d'ici sont toutes voilées, habillées de noir des pieds à la tête. Rien n'est visible de leur visage excepté leurs yeux, dont le regard est d'autant plus perçant et expressif. Leurs pas feutrés, lents et fluides contrastent avec ceux des touristes stressés qui courent de gauche à droite à la recherche de leur porte d'embarquement ou de leurs enfants égarés. Les hommes arabes portent de longues tuniques blanches, d'imposantes barbes, et leurs cheveux sont recouverts d'épais turbans. Je ne comprends pas un mot de la langue qu'ils parlent mais je l'écoute comme une nouvelle musique. J'ai l'impression étrange d'être dans un conte des *Mille et Une Nuits*. Avec un peu de chance, je pourrai peut-être croiser Ali Baba aux toilettes ?

– Bonjour, est-ce que la place est libre ?

La jeune fille qui désigne le fauteuil voisin du mien est à bout de souffle et a les yeux humides. Elle parle français avec un accent.

– Oui, oui, bien sûr !

Je me décale un peu en rassemblant mes affaires éparpillées.

Elle est extrêmement belle, avec de longs cheveux bruns ondulés et des yeux noirs brillants. Elle ressemble à Jasmine dans *Aladin*. Elle a le même air doux et agréable. En l'observant à la dérobée, j'ai cru voir couler une larme. J'aimerais bien l'aider, mais je n'ose pas. Allez, réfléchis, Jade, de quoi aurais-tu besoin si tu pleurais comme ça ? Je lui tends un mouchoir avec un sourire gêné qui se veut réconfortant.

– Merci… Merci beaucoup.

La sonnerie de son téléphone l'arrache à ses larmes. Elle se lève et récupère son sac, murmure de nouveau un vague merci et s'en va téléphoner plus loin.

« Les passagers du vol GA335 à destination de Manille sont attendus pour l'embarquement, porte F. »

Déjà ?! Je n'ai pas vu le temps passer : je saute de mon siège et retrouve maman et Thomas dans le hall. Nous embarquons à bord d'un Boeing rutilant, visiblement neuf. Les hôtesses, coiffées d'un petit chapeau à voilette, nous montrent nos places. Thomas et maman sont placés de l'autre côté de l'allée. Je vais être seule, tant mieux.

J'avance dans la cabine et, au moment de m'asseoir, je reconnais la personne à côté de moi : la jeune fille qui pleurait. Nous nous regardons, un peu étonnées. Elle semble gênée de me retrouver ici.

– Tu vas à Manille, toi aussi ?

– Oui !

Je m'installe et me présente carrément :

– Je m'appelle Jade, je suis française et j'ai presque 18 ans. Et toi ?

– Moi, c'est Debjani. Je suis indienne mais j'ai vécu en France avec ma mère. J'ai 21 ans.

Je comprends pourquoi Debjani parle avec un accent si charmant.

Le contact passe bien et nous entamons une longue discussion. Debjani voyage seule. Ce sont des amis de ses parents qui l'ont hébergée ces trois derniers mois de l'année scolaire et qui l'ont amenée à l'aéroport. Sa maman viendra la chercher à l'arrivée. Debjani va à Manille pour faire une école de stylisme. La classe ! Je suis épatée, et même un peu envieuse de sa liberté et de son indépendance…

Son histoire est plus compliquée que la mienne. Elle n'a plus son père, qui est mort dans un accident d'avion alors qu'elle n'avait que 10 ans. C'était un grand reporter photographe, il avait choisi le risque et l'aventure. Elle a quitté l'Inde à 16 ans et a vécu en Allemagne durant deux ans. Par la suite, sa mère et elle sont venues vivre en France. Après avoir travaillé pour les plus grandes enseignes de vêtements de la place de Paris, sa mère, créatrice de mode, vient de lancer sa propre marque de prêt-à-porter aux Philippines : « Girls Are Glams ». La mère de Debjani est surtout la dessinatrice de la dernière ligne printemps-été et des jeans Zawa, qui m'ont fait tant lutter pour fermer ma valise !

Debjani est passionnante, intelligente et cultivée. Elle a les yeux qui brillent quand elle parle de son pays natal, elle y semble aussi attachée qu'à la France. En Inde, elle a connu les fameux bidonvilles. Il paraît qu'il y en a beaucoup là-bas et que les contrastes sociaux sont terribles. La vie y est très dure pour certains. Maman m'avait prêté *La Cité de la joie* l'été dernier et, d'après Debjani, la description de l'auteur est très fidèle. Elle m'explique que l'odeur de la misère est omniprésente, que les enfants sont maigres et sales, souvent malades, qu'ils sont partout et qu'ils demandent de l'argent tout le temps. Ce que cette fille me raconte me terrifie. Et si c'était pire à Manille ?

– Mais tu sais, il ne faut pas noircir le tableau. C'est très dur mais il y a aussi beaucoup de joie, de vie et de merveilles dans les quartiers pauvres, même si cela paraît difficile à croire. Quand j'habitais à Calcutta [1], notre école nous emmenait faire du bénévolat un après-midi par semaine aux côtés des Missionnaires de la Charité, les sœurs de Mère Teresa. J'ai beaucoup appris au contact des pauvres. Il ne faut pas avoir peur, il y a de la beauté partout où l'on veut bien la voir.

– Vraiment ? Et tu faisais quoi ?

– Différentes activités : jouer avec les enfants, rendre visite aux familles, animer des prières, faire des pansements… je donnais quelques petits cours, j'encadrais des

1. Ville indienne.

missions de nettoyage de rues... Il y a plein de choses simples à faire, tu vois...

Pour l'heure, j'ai du mal à imaginer. Je lui raconte à mon tour les nombreux déplacements de papa en France et à l'étranger, avec ou sans nous, nos déménagements à répétition et la difficulté de ne jamais pouvoir nous installer durablement quelque part. Elle m'écoute avec beaucoup d'attention, ça me fait du bien.

Nous nous taisons un moment. Debjani décide de dormir un peu, mais moi je n'y arrive pas. Pourtant je suis hyper-fatiguée. Maman et Thomas, eux, dorment depuis un bon moment, j'aperçois leurs têtes qui se balancent au gré de leur sommeil. Par le hublot je ne vois plus rien car il fait nuit, mais dans l'avion quelque chose m'interpelle soudain : l'ambiance. Elle est très différente de celle de notre précédent vol jusqu'à Abu Dhabi. Le contraste est saisissant. J'étais tellement absorbée par ma discussion avec Debjani que je n'avais pas observé, pas écouté... Les gens parlent une langue aux sonorités nouvelles qui me donnent envie de rire ! Ils rient eux-mêmes beaucoup d'ailleurs. Il y en a aussi qui chantonnent et qui gesticulent drôlement au rythme silencieux de leur lecteur de musique. La joie des passagers est communicative. Il y a beaucoup d'enfants qui jouent, ou qui dorment les uns sur les autres. Ils ont des têtes de petits poussins, ils sont trop mignons ! Il y a de la nourriture qui passe et qui s'échange. Les gens semblent se connaître, c'est étonnant... Quel bruit, on dirait une grande réunion de famille ! Ce sont donc eux, les Philippins, ils rentrent dans leur pays ? Physiquement, ils sont assez bronzés, ont les yeux un peu bridés et d'épais cheveux raides et très noirs, mais ce qui me frappe le plus c'est leur sourire « à mille dents » et la luminosité de leur regard, rieur et coquin, présents sur la plupart des visages. Quelle gaieté ! Ils retournent pourtant dans un pays où il y a tant de misère…

Je reste pensive un bon moment mais réussis finalement à m'assoupir. Je fais même un rêve : je suis dans un champ, il ressemble à celui qui jouxte le jardin de mes grands-parents. Je suis assise dans l'herbe et je fixe une silhouette qui approche au loin, masculine et imposante… Je ne discerne pas de qui il s'agit. J'ai beau me concentrer, plisser les yeux, je ne distingue rien. L'allure de la personne qui s'approche m'est pourtant familière ! Elle s'approche encore…

Une secousse me réveille, suivie d'une voix grésillant d'un haut-parleur : *« Ladies and gentlemen... »* Une hôtesse annonce au micro, en anglais puis dans une langue inconnue qui doit être la langue philippine, que l'avion va traverser une zone imprévue de turbulences.

Un léger tremblement de l'appareil m'arrache définitivement à mon songe, je regarde autour de moi et me pétrifie peu à peu à la vue du nombre incroyable de voyageurs qui font leur signe de croix, comme si le malheur frappait d'un coup. Perturbée, je me signe n'importe comment… *Au nom du Fils, de l'Esprit, du Père et de la Vierge Marie, amen...* Je veux me protéger, mais de quoi ?!

Debjani, Thomas et maman se réveillent à leur tour. Maman se retourne au-dessus de son fauteuil, le regard tout aussi inquiet.

– Que se passe-t-il ? me demande-t-elle encore tout ensommeillée.

Une vague d'angoisse et de stress traverse les voyageurs. L'ambiance est soudainement plombée, les gens sont figés. Serait-ce les prémices d'un crash aérien ?!

Les hôtesses tentent de nous calmer avec des messages au micro, qui ne parviennent pas à nous rassurer. L'avion recommence à trembler de toute part dans un bruit de tôle froissée, et les estomacs se retournent comme dans un train de montagnes russes quand il amorce sa plus grande descente…

– Non, non… Maman !

Accrochée à ma ceinture, rivée à mon fauteuil, je n'arrive pas à voir comment réagissent Thomas et maman, mais leur silence en dit long… Debjani se tient sereinement, les bras sur les accoudoirs de son fauteuil, les yeux fermés, raide mais étonnamment calme… Je lui saisis la main pour me réconforter et essaie de prier avec autant de foi que je le peux. « La foi vous sauvera », m'avait-on appris… *Je vous salue, notre Père, qui êtes aux cieux... le Seigneur plein de grâces est avec nous...*

Des voyants rouges clignotent ainsi que les néons de la cabine, une alarme stridente résonne sur fond de gémissements terrifiés de quelques passagers. L'avion tremble de plus belle, je suis ballottée comme une feuille dans une tornade. Le bruit métallique et grinçant couvre les cris et les pleurs, et je sens mon sang se glacer. Tout se bouscule dans ma tête, il y a tellement de choses que je veux vivre encore, tellement de gens que je veux revoir… Je ne veux pas mourir !

Que votre volonté soit faite... À ces mots, j'arrête net ma prière. Et si sa volonté était que nous ne survivions pas ? Je perds confiance, je cède à la panique… L'avion semble soudain chuter dans le vide, puis il arrête sa course dans un choc qui me fait décoller de mon siège quelques secondes malgré ma ceinture. La lumière a sauté. Sonnée, je n'y vois plus rien… Un silence de mort a succédé aux vibrations.

Sommes-nous encore en vie ? Je rouvre les yeux, complètement crispée. Il n'y a plus un bruit, plus un mouvement. Sommes-nous… ? Je regarde autour de moi : c'est le noir total. Je me pince. Aïe ! Si je ressens la douleur c'est que je vis…

La lumière clignote faiblement, puis se rallume. Je regarde ma montre : quatre minutes seulement se sont écoulées… Quatre minutes où nous avons tous imaginé que le pire arrivait.

« Ladies and gentlemen… »

Une hôtesse, la voix tremblotante dans laquelle pointe le soulagement, reprend la parole pour nous signifier que la zone à risque est dépassée et que notre avion continue sa traversée vers Manille en toute sécurité.

Un soupir général de soulagement s'élève dans la cabine. Nous applaudissons, rions nerveusement, certains chantent ce qui ressemble à des louanges. Beaucoup s'embrassent et se serrent en se rassurant. Les jambes en coton, je quitte mon fauteuil et titube pour rejoindre Thomas et maman.

– Ça va, mon ange, ma Jade ? demande maman.

Thomas a la tête encore cachée derrière son épaule.

– Oui, maman, ça va, mais j'ai eu tellement peur… Je… je t'aime !

Fébrile, je me penche pour l'embrasser ainsi que Thomas. Je ne peux m'empêcher de les serrer très fort. Si on avait dû tous mourir… Sans que je puisse leur dire cela une dernière fois…

Le calme se réinstalle peu à peu au sein de la cabine et les hôtesses nous distribuent des collations pour nous requinquer. Je regagne ma place, Debjani a toujours un air aussi serein.

– Comment as-tu fait pour garder ton calme ? Moi, j'ai vraiment paniqué !

Elle ne me répond pas franchement mais me sourit mystérieusement.

Le voyage reprend son cours et nous nous détendons. C'est étrange, je suis presque heureuse d'arriver à Manille. Après ce que nous venons de traverser, je me dis qu'au fond tout est relatif... Moi qui croyais que partir c'était presque mourir, j'avais peut-être exagéré. Je décide, à l'occasion de cette réflexion, de terminer mon *Notre Père* confus et lâchement abandonné tout à l'heure. Oui, j'ai eu peur de mourir et j'ai laissé l'angoisse m'envahir... Je remercie le ciel d'avoir toujours les pieds sur terre, même si pour l'instant ils sont encore dans l'avion. J'aurais dû garder confiance, c'est stupide.

Il reste une bonne heure de vol avant d'atterrir à Manille : je reste religieusement silencieuse et médite. Je repense au rêve que j'ai fait tout à l'heure : qui pouvait bien être cette personne au bout du champ ?

Nous y sommes...

23 août, Manille

– Papa, papa ! On est là !

Thomas s'échappe, abandonnant ses deux grosses valises sur mes pieds. Il court vers notre « paternel », qu'il vient d'apercevoir. Nous avons été séparés depuis le mois de juin déjà. Le visage de maman s'illumine et elle se met aussi à courir vers lui. Je la trouve touchante : gênée par ses bagages, elle clopine maladroitement pour retrouver son amoureux. Papa accélère le pas en nous voyant. Il a l'air en forme, sa barbe a poussé et son teint est hâlé.

Debjani s'est éloignée pour récupérer sa valise. Je la cherche du regard dans le hall. Derrière la vitre, je la vois dans les bras d'une grande femme magnifique qui lui ressemble dans son allure. Je les regarde toutes les deux pleurer de joie en se retrouvant.

Pour ma part, je reste en retrait des effusions familiales, j'hésite. Je n'ai pas particulièrement envie de me jeter dans les bras de papa étant donné les circonstances, mais je fais l'effort de m'avancer en souriant… Il sera temps, plus tard, de régler mes comptes.

– Bonjour, ma chérie ! Que tu es belle ! Je suis tellement content que vous soyez arrivés… J'étais bien seul sans ma famille !

– Bonjour, papa.

Il m'embrasse dans une étreinte dont je me défais doucement. Point trop n'en faut…

Debjani s'approche de nous au bras de sa maman. Elles rayonnent. Je la présente à papa, ainsi qu'à Thomas et à maman qui n'ont pas eu l'occasion de lui parler dans l'avion.

Thomas est visiblement très touché par l'exotique beauté de la jeune Indienne. Il bêle, tel un mouton, quelques mots incompréhensibles :

– Heu… S'lut… moi c'est euh… Thomas euh… Cool de te euh… connaître…

Je m'amuse de la rougeur soudaine de son visage. Je ne vais pas me gêner pour me moquer de lui. Je lui glisse discrètement :

– Hé, t'es amoureux on dirait !

Il me fusille du regard et baisse la tête, honteux, non sans jeter un dernier regard à la dérobée sur les deux Indiennes.

Nous échangeons nos adresses e-mail avec Debjani afin de rester en contact ici. Pendant ce temps-là, nos parents partagent plusieurs banalités sur l'expatriation aux Philippines et la joie des retrouvailles familiales. Papa envisage aussi un dîner « un de ces quatre », entre francophones… Cool !

– Au revoir, Jade. À bientôt, j'espère !

Toutes deux s'éloignent main dans la main vers la sortie, nous laissant en famille : les Courtalys réunis !

– Mes chéris, dit papa, vous devez être exténués par le voyage et par le décalage horaire. Ce soir repos, nous attaquerons les choses sérieuses demain !

Maman acquiesce. Elle ne quitte plus papa des yeux. Elle a l'air émerveillée, elle l'aime, ça se voit : c'est trop mignon !

L'aéroport de Manille fourmille de gens. Il y a des magasins ambulants et des vendeurs à la sauvette partout. Ça sent fort la friture et le poisson. Je suis à la fois étonnée par le dynamisme ambiant et apeurée par toute cette frénésie.

– Il fait affreusement chaud dans ce pays !

Les portes vitrées du hall de sortie viennent de s'ouvrir et une vague de chaleur humide et lourde m'enveloppe d'un coup. C'est limite supportable !

– Papa, c'est comme ça tout le temps ici ? Ça pue, c'est irrespirable !

– C'est vrai qu'il fait très lourd en ce moment. C'est la saison des pluies et la météo est affreusement capricieuse sur l'archipel. Un typhon a fait de graves dégâts en juillet, il a dévasté la moitié du pays. Cela nous a demandé énormément de travail.

Super, je n'avais pas encore envisagé l'option typhon… Vive les Philippines et merci papa !

– *Madam, Sir, welcome to the Philippines ! May I take your luggage*[1] *?*

– Je vous présente Boong, dit papa, c'est notre chauffeur. Allez, montez tous dans la voiture, en route pour notre nouveau chez-nous !

Thomas reste ébahi devant le véhicule blindé, rutilant, aussi large que haut. Les vitres de la voiture sont teintées et

1. « Madame, monsieur, bienvenue aux Philippines, puis-je prendre vos bagages ? »

j'ai l'impression de m'engouffrer dans une limousine, comme celles que nous avions vues avec Thomas quand les parents nous avaient emmenés visiter la tour Eiffel. Les gens nous dévisagent comme des extraterrestres, au point que j'en ressens un petit malaise.

– Papa, pourquoi nous regardent-ils comme ça ?

– Nous sommes des étrangers ici, ma belle. Ils sont fascinés pas notre couleur de peau et par ce que cela symbolise. Pour eux, c'est un peu comme si nous sortions directement de la télévision américaine, qu'ils regardent beaucoup. Tu comprendras mieux quand tu auras passé un peu de temps ici, et tu t'y feras !

Je ne suis pas sûre de comprendre ni de pouvoir m'y faire. Je me sens comme… nue !

Le véhicule démarre silencieusement. Je ne sais plus où regarder tant les images défilent et se bousculent. Je suis comme au spectacle, les yeux écarquillés et la bouche entrouverte. Devant moi s'étend à perte de vue un enchevêtrement de cartons, de tôles et de plastiques. Au premier coup d'œil, on pourrait penser que l'on traverse une décharge géante mais, à mieux y regarder, on distingue des petits abris où les gens se pressent. Hommes, femmes, enfants, tous se déplacent à travers ce bidonville comme on traverserait la rue. Ils semblent trouver cela normal, comme s'ils ne faisaient pas attention à la misère qui les entoure.

– Papa ? C'est… c'est ça, les bidonvilles ?

– Oui, Jade. C'est un des cinq cents bidonvilles de Manille. J'allais vous en parler. J'ai beaucoup de choses à vous expliquer sur ce pays. Nous ferons ça tranquillement à la maison.

La voiture se fraye tant bien que mal une place sur un simulacre d'autoroute ; « simulacre » car il y a à peu près huit voies de chaque côté qui circulent aussi mal les unes que les autres. Le vacarme, malgré le blindage de la voiture, est assourdissant : des Klaxons de toutes les sonorités ne cessent de hurler. Les motos, sur lesquelles s'entassent jusqu'à quatre ou cinq passagers – sans casque – chargés de sacs et parfois d'animaux, se croisent sans précaution. C'est effrayant ! Il y a des bus sans vitres qui en doublent d'autres en toute impunité, ils font obstruction aux voitures sans y prêter attention. Il y a même des vélos qui déambulent au milieu de tout cela…

– Attention !

L'un d'eux manque de percuter notre voiture de plein fouet en déboulant alors que nous cherchons à nous insérer sur la voie la plus à gauche.

Nous atteignons enfin notre destination. Notre maison se situe dans un village sécurisé avec des gardes armés à l'entrée : ça fait froid dans le dos ! Papa montre des papiers, signe un document, et les gardes nous laissent entrer non sans avoir fait une jolie courbette, comme si nous étions la famille royale d'Angleterre. Nous arrivons devant le numéro 8 de la N. Aquino Street. J'ai du mal à prendre la mesure de ce qui va nous faire office de maison, c'est presque un château ! Il y a des palmiers le long de l'allée et des luminaires qui scintillent, c'est féerique. Mais un château dans un parc protégé par des gardes, ça sent la prison dorée…

Je n'avais pas imaginé l'existence d'un quartier comme celui-ci car, depuis l'aéroport, Manille ne ressemble qu'à une vaste déchetterie.

Papa a raison, nous sommes tous exténués. Il est 22 h 30 ici, à l'heure française il n'est donc que 16 h 30. Je ne rêve pourtant que d'une chose : retrouver les bras de Morphée pour le sommeil du siècle.

Je reste distante avec papa, mais il n'a pas l'air de s'en soucier. Ça m'agace, tout ce faste ! Je croyais qu'il bossait pour les ONG[1], ça rime à quoi tout ce luxe ? Je l'interromps d'un ton grinçant alors qu'il détaille le plan de la maison à maman.

– Et où se trouvent les écuries royales, mon cher papa ?

– Ha ha ! Oui, Jade, c'est un peu un château, c'est vrai ! Mais sans écuries : ici, on se déplacera en voiture. Le garage est là-bas, il y a une voiture pour vous, avec laquelle Boong vous amènera à l'école, et une pour moi.

– Et où peut-on aller « là où le roi va seul » ?

Papa étouffe un petit rire :

– Tu es toujours aussi drôle, ma chérie…

Je n'ai pourtant pas franchement envie de plaisanter. Je marmonne une critique acerbe suffisamment bas pour qu'il ne m'entende pas :

– On pourrait presque loger la moitié des bidonvilles de Manille sous ce toit-là.

– Comment ? demande-t-il un grand sourire aux lèvres.

– Nan rien… Laisse tomber.

Après une rapide visite de notre nouvelle et luxueuse demeure, papa nous présente les « domestiques » :

– Les enfants, voici Maria-Mae, notre aide à domicile. Elle vit avec nous du mardi au samedi et elle est là pour faciliter notre quotidien. Maria, voici ma famille.

---

1. Organisation Non Gouvernementale (organisation humanitaire).

Je n'en reviens pas. Sans mauvais jeu de mots, c'est le couronnement ! Il nous prend vraiment pour la famille royale ? Des domestiques ? Mais quoi encore ?

À notre service, il y a donc Boong, le chauffeur du 4 × 4 présidentiel qui a l'air très sympa. Heureusement, car visiblement on ne peut pas sortir seuls dans cette ville de fous, et rarement à pied, à moins d'être accompagnés par un vrai Philippin. Maria-Mae, que je trouve déjà adorable, est donc notre nounou-cuisinière-femme-de-ménage-lingère-repasseuse-laveuse-faiseuse-de-courses… Et pour finir la ronde de nos humbles serviteurs, il y a le jardinier, Jim, qui n'a décroché aucun sourire ni signe amical quand il nous a salués – enfin, quand il a daigné hocher la tête pour répondre à papa.

Thomas s'esclaffe :

– Et Maria-Mae, elle sait faire les frites ? Et je ne serai plus obligé de faire mon lit ?

Il m'achève. Je suis trop fatiguée pour rétorquer quoi que ce soit. Je préfère filer, harassée, et me mettre au lit dans la chambre de princesse spécialement aménagée pour moi.

Je m'y endors aussi sec. Demain sera un autre jour.

Expatriation de luxe… ou pas !

Lundi 7 septembre, j'ai le cafard

Je suis dans ce champ qui ressemble à celui à côté du jardin de Mouna et Bon Pap'. Je suis assise dans l'herbe et je fixe cette silhouette masculine au loin qui s'approche, mais je ne parviens toujours pas à discerner son visage. La silhouette s'approche encore mais je…

– Jade, ma puce ? Réveille-toi, il est déjà 11 heures !

– Mais laissez-moi finir ce rêve, bon sang !

C'est la deuxième fois que je me réveille avant de pouvoir découvrir qui se cache derrière cette silhouette. C'est frustrant !

J'ai l'impression de sortir de ma tombe. Où suis-je déjà ? Mes esprits me reviennent : je suis à Manille dans notre maison et cette chambre gigantesque et magnifique n'est autre que « mes appartements ».

Cela fait deux semaines que nous sommes arrivés aux Philippines et tout s'installe peu à peu. Pourtant, je ne m'habitue pas vraiment à ce trop-plein de luxe que papa, Roi-Soleil des lieux, est si fier de nous offrir. Les choses matérielles ne valent rien : je veux retrouver notre ancienne maison en France, avec sa vie et sa simplicité.

– Ah ! Au secours !

Debout sur mon lit, j'ai crié presque sans m'en rendre compte.

Maman débarque en trombe suivie de Jim, dont je ne m'explique pas la présence à l'intérieur de la maison et encore moins dans ma chambre au réveil ! Depuis deux semaines, il n'a pas mis les pieds à l'intérieur. Il navigue de sa petite baraque en bois dans le jardin jusqu'à la piscine qu'il nettoie. Il arrose de temps en temps les parterres de fleurs, mais il a l'air aussi compétent en jardinage que moi en couture, celui-là !

– Que se passe-t-il ?

– Là, encore un !!!

– Mince, tu nous as fait peur avec tes cris ! Allez, ma chérie, c'est juste un gros cafard. Ne fais pas ta chochotte !

– Mais c'est le quinzième en deux semaines ! J'en ai assez !

Jim détourne les talons en laissant échapper un ricanement moqueur.

– Je n'y crois pas… il se moque de moi !

Maman poursuit sans que je puisse rétorquer quoi que ce soit :

– Oui, je sais, bichette, c'est dégoûtant, mais il va falloir t'habituer. Il y en a partout ici. Et puis c'est complètement inoffensif.

– Je sais, maman : « Les petites bêtes ne mangent pas les grosses », pas la peine de le dire. Et qu'est-ce qu'il faisait là, ce vieux grincheux de jardinier ?

– Je discutais avec lui quand tu as crié. Je voudrais qu'il nous plante des manguiers dans le jardin. Il me conseillait de ne pas planter trop près des murs à cause des cambriolages. Je crois que c'est un type bien, papa l'a embauché dès son arrivée, il l'apprécie beaucoup.

– Mouais… Je ne l'aime pas vraiment, lui, il a l'air aimable du professeur Rogue dans *Harry Potter*…

– Ha ha ! Allez, je vais utiliser une autre sorte de baguette magique et ça ira mieux !

À l'aide d'une bombe assassine, maman asperge le monstre qui trépasse instantanément, mais même mort je n'ose le toucher… Il y a quand même quelques failles dans le palais royal.

Encore dégoûtée, je la suis dans la cuisine. Je meurs de faim.

– Hello, ma'am [1] Jade !

– Hello, Maria.

– C'est heure de *merienda* ! J'ai préparé vous un bon manger avec *sislig* [2] !

– Merci, Maria.

Maria s'affaire comme à son habitude.

– *You want baguette ?*

– Oui merci, c'est gentil.

Je dévore sans scrupules ladite *merienda*. Ici, ils font cinq repas par jour : en plus des trois repas habituels, il y a ce qu'on appelle les *merienda*. Le matin comme l'après-midi, elles sont constituées principalement de riz frit, de pâtes en sauce et d'autres grignotages bien gras. Pour les Philippins, ne pas les consommer constitue presque un sacrilège, mais moi je vais devenir obèse si ça continue !

Petite bonne femme rondelette, la faute peut-être à trop de gourmandise, Maria a appris notre langue en travaillant auparavant pendant quatre ans pour une autre famille française. Elle se débrouille à peu près malgré un manque de

1. *Ma'am* : utilisé par les Philippins pour « madame ».
2. Plat philippin composé de porc et de légumes hachés et frits.

fluidité, mais j'aime bien l'entendre baragouiner. Elle loge chez nous dans une petite chambre au rez-de-chaussée et retourne chez elle le samedi soir. Je ne sais rien de sa vie en dehors d'ici.

Je me suis tout de suite bien entendue avec elle. Elle est douce, souriante et « moelleuse ». Depuis quinze jours que nous sommes là, je ne suis presque pas sortie de ma chambre et Maria a été ma seule compagnie étrangère agréable. Papa et maman ne cessent de courir à droite et à gauche pour régler les formalités diverses : écoles, assurances, papiers, voitures, présentations officielles, repérages, courses, sécurité... En attendant, je m'ennuie. Thomas est comme un poisson dans l'eau ici. De fait, il passe sa vie dans notre piscine et ne cesse de s'extasier de sa nouvelle vie de « pacha ».

« Trop d'la balle ! Trop d'la balle ! Woooooou ! » Il n'a plus que ces mots-là à la bouche en ce moment. Je l'appelle le « Wou Boy » ou le « Ravi de la crèche ». Il « kiffe » : c'est épatant cette capacité à être toujours positif.

À la maison, nous n'avons toujours pas de connexion Internet et je ne peux pas accéder à mes e-mails, ni écrire à Debjani pour sortir un peu de cette prison dorée. De plus, je suis trop impressionnée pour m'aventurer seule hors de notre village barricadé : j'ai la trouille de cette ville de fous. Pour résumer, ici c'est mort et j'y suis mal à l'aise.

La rentrée scolaire n'est que le 15 octobre. Ce qui pourrait sembler génial pour n'importe lequel de mes amis n'est pour moi qu'une raison de plus de me plaindre. Il n'y a rien à faire, je n'ai personne à voir, aucun ami ici et les miens me manquent. Les parents avaient prévu que j'étudie l'anglais, mais les cours particuliers ne sont pas si faciles à trouver.

Je n'ai pas de nouvelles de France, à part les rapides coups de téléphone que nous avons passés à nos grands-parents en arrivant, et je me sens déconnectée de tout. Qu'est-ce que je fais là ? Pourquoi ? Que vais-je devenir cette année ? Rien n'a plus de sens, et c'est autant de questions qui tournent dans ma tête et auxquelles j'espère pouvoir bientôt répondre.

Et que devient Henri ? C'est terrible ce qu'il me manque. J'ai dévoré le *Cyrano* qu'il m'a offert avant de partir et je m'occupe en récitant la tirade du nez. C'est sa pièce préférée depuis qu'il a joué le pâtissier dans la troupe de théâtre du lycée.

– Ma'am Jade ? m'appelle Maria. Vouloir venir au marché avec moi ? Vous devoir sortir un peu !

– Où ça ?

Question idiote, je ne connais rien à cette ville !

– Divisoria ! C'est grand marché pour trouver tout ! Très amusant ! Nous aller là-bas en *jeepney* !

– *Jeepney* ? Qu'est-ce que c'est ?

– C'est moyen de transport philippin, ancienne Jeep armée américaine.

Ma foi, j'ai bien envie de la suivre. Je suis tellement amorphe, cela me fera du bien de sortir.

– OK, je t'accompagne avec plaisir. Laisse-moi juste le temps de me changer !

C'est ma première sortie de la maison familiale ! Mon moral remonte un peu à l'idée de faire quelque chose. Comment je m'habille ? Un jean, un tee-shirt et mes tennis, faisons sobre, ça vaut mieux. Un sac en bandoulière et hop, me voilà *ready to go* ! C'est assez excitant en fin de compte !

– Maria, c'est bon, je suis prête !

– OK, ma'am Jade, *tayo na* !

Qu'est-ce qu'elle a dit ?

– *Tayo na ?*

– *Tayo na*, on y va dans langue tagalog !

– *Taga*... quoi ?

– *Ta-ga-log*, c'est la langue des Philippines, vous voulez apprendre ?

– Euh... Oui, pourquoi pas ?

– OK, ma'am, c'est bien, ça, fille curieuse ! Maria vous apprendra !

Maria et moi sortons du village sécurisé sous l'œil lugubre de Jim, qui ne nous quitte pas du regard... J'ai souvent l'impression qu'il me surveille, c'est bizarre et je n'aime pas ça ! Un jour que je bronzais dans le jardin, je me suis dit que j'allais essayer de lui parler. Il n'a pas répondu et il est passé devant moi sans même me regarder ! J'ai raconté à Maria comment il se comportait, mais elle m'a dit que Jim était simplement timide et que ce n'était pas son genre de sympathiser avec les gens chez qui il travaillait... Soit, mais ce n'est pas une raison pour être aussi froid ! Pour en rajouter, Jim parle en tagalog à Maria... Quel malpoli !

– *Saan ka pupunta Ate Maria ?*

– *Sa bahay mo ! Sa Navotas ! May problema ?*

– *Hindi. Pero... Casama Jade ? Bakit ?*

– *Caci pumunta si Jade sa bahay ng kaibigan nyia, sa Debjani...*

– *Hum...*

Je ne comprends rien. Bon, on y va ?

– Go Maria !

– OK, OK ! Go !

Qu'est-ce qu'il voulait ? Savoir où nous allions ? En tout cas, nous voilà parties !

Toute la journée j'ai suivi Maria, qui s'est prise au jeu de guide touristique. En sa compagnie le temps est passé à toute vitesse : on est rentrées à 19 heures. Nous avons passé les trois quarts de la journée à Divisoria…

Il faut que je m'assoie, je ne m'en remets pas. Quelle journée ! Manille ne ressemble en rien à ce que j'avais imaginé, ni au peu que j'avais vu dans la voiture. Quel choc ! Ce pays, ces enfants, ces gens, cette folie, cette misère partout et ces Philippins pourtant si gentils, si rieurs ! Je suis complètement sonnée.

– *Hello*, ma Jade !

Maman me saute dessus, toute joyeuse.

– Maria m'a dit que vous étiez allées au marché. C'était bien ?

– Eh bien…

Mais elle ne me laisse pas le temps de répondre, tout heureuse de la grande nouvelle :

– Tu vas être contente, ma belle, papa a réussi à brancher Internet. Tu peux utiliser l'ordinateur !

– C'est vrai ?!!!

Joie, bonheur, allégresse : j'oublie tout. Je me rue dans le bureau et y trouve papa agenouillé sous la table de l'ordi.

– Voilà, ma chérie, ça fonctionne ! Ce n'est pas le débit parisien mais c'est tout de même bien utile.

Ce soir, soirée Internet ! Opération reconnexion ! Et cela tombe bien, j'ai plus de vingt-cinq e-mails à lire, dont un d'Henri qui me saute aux yeux. Et puis, j'ai enfin des choses à raconter depuis aujourd'hui !

Avant tout, actualisation de mon profil Facebook :

« Jade – à Manille pour un an ! Vous me manquez les amis. »

Puis lecture de l'e-mail d'Henri. J'ai des papillons dans l'estomac !

De : **henricz75@gmail.com**

À : **jadeCourtalys@hotmail.com**

Message reçu le 2 septembre

Objet : Bien arrivée ?

Alors miss ? Comment vas-tu ? Je n'ai aucune nouvelle depuis ton départ et je m'inquiète un peu…

Ici, à Paris, c'est encore les vacances mais la rentrée arrive à toute vitesse. Tout va bien pour moi. Nous reprenons les cours le 5 septembre… dans trois jours, *so sad !* Ça va faire bizarre de ne pas te voir au lycée. Bref, j'espère que ça va bien ! Je pense souvent à toi.

Bizzz.

C'est tout ? Il m'a écrit trois lignes en un mois ?

Je scrute ma boîte de réception : il doit y en avoir d'autres que je n'ai pas vus, c'est certain. Rien… *Nada… Niet…*

Enfin si… et c'est là le pire ! Il y a deux autres e-mails d'Henri : une invitation à une soirée chez notre copine Pauline à Paris le 15 septembre, et le cours de philo de Mme Pignon, transféré à tous les élèves de la classe de terminale L option maths, dont je ne fais plus partie… Est-ce qu'il sait que je suis à l'autre bout du monde ? Je ravale nerveusement mes larmes : c'est le coup fatal, ça ! Et moi qui considère que le proverbe « Loin des yeux, loin du cœur » n'est qu'une excuse bidon pour ceux qui ne s'aiment pas vraiment, me voilà servie ! Henri m'oublie.

Je réponds malgré tout gentiment sans interpréter trop rapidement son manque de bavardage. Il n'a peut-être pas eu beaucoup de temps. Il n'ose peut-être pas m'écrire davantage. Peut-être est-il inquiet de ne pas avoir eu de réponse. Avec ce que je vais lui raconter, il va en avoir plein la vue... Enfin, espérons-le. Je dois quand même lui manquer, non ?

De : **jadeCourtalys@hotmail.com**
À : **henricz75@gmail.com**
Message envoyé le 7 septembre
Objet : Re : Bien arrivée ?
5 pièces jointes : photos (7,7 Ko)
Salut Riton !

Quel plaisir d'avoir de tes nouvelles ! J'en avais besoin ! Toi et les amis, vous me manquez énormément et j'ai du mal à me dire que je vais passer un an ici.

Je suis contente d'apprendre que tout va bien pour toi. J'espère que la rentrée s'est bien passée, je n'ai pour ma part toujours pas commencé (ne sois pas jaloux) !

Le dépaysement est assez rude, je dois l'avouer. Au début, je ne suis presque pas sortie de chez moi. Je n'avais pas vraiment le moral...

Tu verrais notre maison... Un vrai palace ! Nous avons chacun notre chambre avec salle de bains. Inutile de préciser qu'il y a une immense piscine dans le jardin... Mais ce n'est pas si agréable que ça car il y a des bidonvilles partout autour du village sécurisé dans lequel nous habitons, comme si les très riches et les très pauvres vivaient au même endroit sans se voir... Quand nous sortons du village, nous prenons une voiture blindée, conduite par un chauffeur qui nous dépose exactement là où nous devons aller. Je ne peux pas sortir toute seule, à moins d'être avec un Philippin. Tout demande une organisation de roi, comme si nous étions des super stars ! Ça peut paraître amusant mais en fait c'est assez pénible et un peu troublant. Bref, tout est nouveau et il faut que je m'y fasse.

Aujourd'hui, j'ai quand même accompagné notre « nounou » Maria sur un grand marché typique de Manille. Ça s'appelle Divisoria et c'est... indescriptible ! Rien que le trajet pourrait faire l'objet d'un roman : nous avons pris les moyens de transport locaux, ceux des pauvres en fait. D'abord nous sommes montées dans une sorte de Jeep, avec des dessins on ne peut plus kitsch de la Vierge Marie et des crucifix, réalisés à la bombe, des visages de Jésus aussi... Ce sont leurs graffitis ! Ils sont super cathos ici ! Ils appellent ces voitures les *jeepney*. Dixit Maria : elles appartenaient à l'armée américaine. De vraies pièces de collection ! Ça fait un boucan pas possible et ça sent la friture à chaque accélération. Les gens grimpent dedans par l'arrière alors que l'engin n'est même pas à l'arrêt. Ils s'entassent à l'intérieur comme des moutons et s'en extirpent en demandant au chauffeur de s'arrêter n'importe où ! Heureusement que j'étais avec Maria... Nous en avons emprunté successivement trois comme ça.

Ensuite nous avons marché un peu, pour finir par monter à six sur ce qu'ils appellent un « tricycle » : sorte de Mobylette avec un side-car sur le côté. Trop marrant !

Enfin, nous sommes arrivées sur ce marché... Alors là, je ne sais pas par où commencer mais je vais essayer de ne pas te saouler de descriptions, tu as les photos en PJ, elles parlent d'elles-mêmes.

Ce qui est dingue, c'est le choc de la pauvreté et de la richesse, le mélange des odeurs de bananes caramélisées avec celles d'une pollution démesurée, la superposition du chaud fumet de pain à la noix de coco avec l'odeur des innombrables déchets… Il y a des vendeurs de tout partout, d'animaux, de gadgets, de batteries de portable, de sacs à main, d'habits, de fruits, de viande… L'ambiance est folle. À chaque recoin, il y a des karaokés où les Philippins s'égosillent à chanter faux. Bref ! Tout cela est indescriptible, il faut le voir pour le croire.

Bon, je te raconterai la suite une autre fois car il est tard ici, six heures de plus qu'à Paris, et je vais aller dormir.

La prochaine fois, essaie de m'en raconter plus sur ta vie en France.

Bizzzz.

Jade

Puis je descends retrouver maman. J'ai besoin qu'elle me réconforte. Je lui raconte rapidement la journée dont le souvenir est déjà loin, ma préoccupation du moment est tout autre :

– Maman, tu crois qu'ils vont m'oublier, mes amis ?

Elle me sourit et me serre dans ses bras. Je sens qu'elle a bien compris de quoi il retournait :

– Ma chérie, comment peux-tu croire ça ? Tu es une jeune fille merveilleuse ! Tu as de vrais amis, ils t'aiment et te garderont dans leur cœur jusqu'à vos retrouvailles !

– Tu es sûre ? Mais…

– Mais oui ! Et si jamais certains te délaissent, c'est qu'ils ne te méritaient pas, voilà tout ! Tu sais ce que dit Mouna : « L'amitié, comme l'amour, c'est le festin de Dieu : ça se prépare, ça se mijote ! » Ce que Mouna veut dire, mon cœur, c'est que les séparations, le temps, c'est comme le feu qui fait mijoter un bon petit plat. Les kilomètres qui te séparent d'Amélie, d'Henri et de tous les autres vont faire grandir votre amitié, renforcer vos liens, les rendre plus savoureux. Aie confiance, mon cœur.

Avec tout ça… je n'ai plus qu'à aller dormir sur mes deux oreilles.

– Bonne nuit, ma maman chérie. Je t'aime, tu sais !

– Moi aussi, mon ange. Fais de beaux rêves !

Avant de me coucher, je tiens ma promesse et j'écris pour mon ancienne école un article racontant comment ça se passe ici.

De **jadeCourtalys@hotmail.com**

À : **ecolesaintjeandelacroix@hotmail.com**

Message envoyé le 7 septembre

Objet : Manille

Bonjour à tous ! Bonjour, professeurs et élèves de ma classe française !

J'espère que vous allez bien et que les cours se passent au mieux pour tous : le bac arrive et il va falloir travailler dur ! Pour ma part, je vais donc le passer aux Philippines, je vais entrer dans une école française, mais la moitié de mes cours sera en anglais ! Je vais devenir bilingue ! C'est vous, madame Williams, qui n'en reviendrez pas !

J'ai la chance de n'avoir pas encore commencé les cours, puisque la rentrée n'est qu'en octobre.

Tout sera bien différent dans mon école. Il y a des gens du monde entier, paraît-il, et de riches Philippins car le niveau y est réputé très bon. Je travaillerai du lundi au vendredi et je sortirai tous les jours à 17 heures. En plus, nous aurons des cours de théâtre obligatoires, et de culture religieuse globale (pas des cours de caté mais des explications sur toutes les religions, qui nous permettront de comprendre certains enjeux)… Cela dit, le pays est catholique pratiquant à 95 %, alors nous commencerons et terminerons chaque journée par la prière ! AMEN !

Ici, je fais partie des chanceux, car beaucoup des enfants du pays ne sont pas scolarisés faute d'argent et leur situation est très critique.

Voilà, je vous souhaite à tous le meilleur pour cette dernière année de lycée que j'aurais adoré passer avec vous, et bon courage pour le bac. Donnez-moi des nouvelles !

À bientôt.

Jade Courtalys

Providence !

10 septembre, une amie en anglais

– Jade, ma puce, j'ai enfin eu une réponse intéressante concernant tes cours d'anglais !

La voix de maman me sort de mes rêves et me rappelle la dure réalité de mes prochains cours de soutien. Depuis que nous avons passé une annonce à l'Alliance française, nous n'avons eu que des propositions de la part d'incompétents… Non mais vraiment ! Entre un Chinois expatrié qui voulait m'apprendre sa langue avant l'anglais en me jurant que son pays allait coloniser les États-Unis, et une madame proprette d'origine iranienne dont je ne comprenais rien à l'accent, maman commençait à désespérer, mais cette fois elle a l'air persuadée que cette candidature est la bonne.

– Ah oui ?

– Il y a une jeune fille qui est disponible pour te donner trois heures de cours, deux jours par semaine, le lundi et le mercredi après-midi. Elle va passer aujourd'hui pour se présenter, alors ne t'éloigne pas trop !

– Mouais…

J'ai un sentiment mitigé, entre l'envie d'apprendre à parler, à comprendre parfaitement l'anglais, et l'ennui profond de devoir m'avaler six heures de cours de soutien hebdomadaires avec une inconnue certainement barbante…

Les profs de soutien sont généralement ennuyeux comme la pluie ! Enfin, je n'ai pas vraiment le choix, si je veux avoir une microchance de réussir, mieux vaut que je m'y mette sérieusement.

– Elle s'appelle comment ?

– Elle s'appelle… Euh… Je ne sais plus, j'ai oublié ! On en saura plus tout à l'heure ! Viens déjeuner en attendant !

– Ouaip !

Au moins je comprendrai un peu ce qu'il se passe à la télé…

Maria-Mae nous a encore préparé un festin à base de patate douce et de poisson cru mariné au citron et au vinaigre blanc avec des échalotes… Un régal ! Je crois que je ne pourrai plus jamais manger français !

Je passe le début de l'après-midi à barboter dans la piscine, il fait si chaud que je ne vois pas ce que je pourrais faire d'autre. Jim notre jardinier est en train d'arroser, mais il ne cesse de jeter des regards furtifs dans ma direction… Il me surveille ou quoi ? J'ai vraiment du mal avec lui, j'ai la sensation qu'il n'est pas net. Hier, je l'ai surpris en train d'épier Boong laver la voiture, et la veille encore je suis sûre qu'ils se sont embrouillés… Boong ne l'aime pas non plus, je le sais. Il est très spécial, ce jardinier ! Je l'ai dit à papa, mais il m'a rétorqué qu'il ne fallait pas juger trop vite, que Jim n'était pas méchant, simplement timide, que c'était un gars bien, qu'il le savait et que c'était pour ça qu'il l'avait embauché. Soit, « quand père dit, fille obéit », mais ça ne m'empêche pas de le trouver antipathique !

À 16 heures, j'entends la sonnerie de la porte d'entrée. Maman, qui lisait sur un transat, se lève pour aller ouvrir :

– Jade, sors de l'eau, ça doit être la jeune fille pour l'anglais !

Je me dépêche et attrape une serviette avant de renfiler mon short et mon tee-shirt. J'entends de loin la discussion :

– Non, je ne lui ai rien dit !

Je me dirige rapidement vers l'entrée, appâtée par ces exclamations. Qu'est-ce que maman ne m'a pas dit ? J'arrive devant la porte quand je reconnais... Debjani !

– Salut, Jade !

– Ne me dis pas que... C'est toi qui vas me donner des cours ?

– On dirait bien ! J'ai répondu à votre annonce sans reconnaître votre nom, et avec ta maman nous avons voulu te faire la surprise !

– C'est réussi.

– Tu es contente, ma chérie ? me demande maman avec le sourire de celle qui avait préparé son coup.

Alors ça, c'est extra ! C'est Debjani, ma copine de l'avion, qui va m'aider en anglais ! Je suis vraiment ravie de prendre des leçons avec une fille qui est en bonne voie de devenir une amie !

– Génial !

– Bon, eh bien je suis engagée, hein ?

– Oui ! Maman, c'est bon, je suis OK !

Maman, contente de me voir retrouver le sourire, invite Debjani à rester prendre un thé, et Debjani nous propose de commencer les cours aujourd'hui car elle a du temps. C'est parfait, plus tôt je commencerai, plus tôt je serai bilingue !

– On va se mettre dans ma chambre, avec la climatisation ce sera plus confortable.

– OK, je te suis !

Nous grimpons à l'étage et je fais découvrir ma maison à Debjani, puis nous nous installons à mon bureau pour commencer officiellement mes cours de soutien.

Debjani parle parfaitement l'anglais, le français et l'allemand. C'est une polyglotte multiculturelle passionnante ! En plus elle est douce, patiente et pédagogue : c'est sûr qu'avec elle je vais apprendre vite !

Nous passons une heure et demie à travailler. Elle me pose des questions, me donne du vocabulaire, et nous en profitons pour nous raconter nos vies respectives dans la langue de Shakespeare. J'ai un accent redoutable, mais j'ai la conviction que je vais vite progresser.

– *So Jade ! Tell me about your life in France ! What was your typical day ? Your hobbies*[1] *?*

– Euh… *It was nice…* euh… *My day were…*

Ouais enfin, ce n'est pas encore ça !

– Utilise « was » ! Au singulier, c'est « was » et au pluriel, c'est « were ».

– Ah oui… Euh… *My day was nice and… I was gymnastique…*

– Alors : tu étais gymnastique ? Nan, tu faisais de la gymnastique, donc tu dois dire : *I was doing gymnastique.* C'est du passé continu, donc tu utilises be + ing…

C'est du passé… Debjani dit juste. Sans le savoir elle vient de remettre le doigt sur une plaie béante : ma vie en France, c'est du passé.

Elle note mon air maussade :

– Ça va, Jade ? Tu sembles toute triste d'un coup. *You are sad ?*

---

1. Alors Jade, raconte-moi ta vie en France ! Comment était ta journée type ? Tes occupations ?

– C'est que… Euh… *Yes*… La France me manque… Euh, *I miss France…*

– *OK… Tell me more about your feelings.*

– Hum… *I feel that my… friends… will forgotten me*, euh… *will forgot me, sorry… I feel that I am far from home…*

– Bon, il est temps de repasser en français !

Fini le cours d'anglais, passons à la consultation psychologique.

Nous en avions déjà parlé dans l'avion, mais j'explique de nouveau à Debjani quelles sont mes peurs quant à ce nouveau pays, à mes anciens amis, à Henri, à l'avenir. Et puis la rentrée approche, je ne vais connaître personne… Elle sait tout cela elle aussi, elle a souvent déménagé. Elle a une façon positive de voir la vie : pour elle, chaque événement a un sens et a un truc à nous apprendre. Elle dit que « si ça arrive, c'est qu'il y a une raison ». C'est sûr que c'est plus facile d'aller bien quand on se dit ça.

Tout en parlant, Debjani balaie du regard les murs de ma chambre. Juste au-dessus de mon lit, il y a un petit crucifix que ma marraine m'a offert à ma première communion.

– Tu es chrétienne à ce que je vois ! Comme moi, ajoute-t-elle avec un sourire.

Je souris moi aussi, un peu gênée. Oui, je suis « catholique, apostolique et romaine » comme dit papa. Nous allons à la messe tous les dimanches, j'ai été guide jusqu'à la fin de la seconde… Mais, au fond de mon cœur, je sais bien que je ne suis pas aussi croyante que maman par exemple. La foi est au cœur de sa vie. Elle croit profondément en Dieu, et lui a toujours fait confiance…

– En fait, sur le papier, oui, je suis catholique. Mais tu sais, je ne suis pas aussi croyante que certaines de mes amies en France, ou ma mère. Ma mère croit que Dieu est toujours à ses côtés, même dans les moments difficiles. Parfois, même, ça me surprend, et ça me choque presque. Par exemple, mes parents ont toujours rêvé d'une famille nombreuse. Mais, après la naissance de Thomas, on ne sait pas pourquoi, maman a fait une fausse couche, elle a vu des tas de médecins mais il n'y a jamais eu de petit troisième. Je sais que c'est dur pour elle, je l'ai tellement vue pleurer ! Eh bien, elle dit quand même qu'elle ne doute pas de l'amour de Dieu pour elle et que cette épreuve la rapproche de papa et de nous. Moi, je serais tellement en colère contre Dieu à sa place !

Debjani sourit, visiblement émue par ma confidence.

– Moi aussi, je pense comme ta maman. Quand mon père est mort, j'ai été très en colère contre Dieu, contre tout le monde en fait ! Et puis j'ai fini par comprendre que Dieu ne veut pas notre malheur et notre peine. Qu'il est à côté de nous dans notre douleur. Ça m'a beaucoup apaisée. Et cette épreuve m'a énormément rapprochée de ma mère…

Je me sens un peu idiote, tout à coup, avec mes petits états d'âme. Un long silence s'installe. Debjani le brise, d'un ton enjoué :

– Allez ! Tu vas prendre ta petite vie en main, tout faire pour rester en contact avec tes amis. Et s'ils te délaissent, c'est que Dieu te prépare un autre destin… Amen, ajoute-t-elle en s'inclinant les mains jointes.

Nous éclatons de rire, ça marche, l'air de rien ! Voyant la bonne humeur qui règne et l'atmosphère propice aux confidences, je me risque à lui poser une question qui me brûle les lèvres depuis notre première rencontre :

– Et toi ? La France ne te manque pas ? Tu avais l'air tellement triste quand nous nous sommes rencontrées à l'aéroport…

J'ai peur d'avoir dépassé les limites, mais Debjani me sourit gentiment, elle a l'air heureuse de pouvoir se confier à quelqu'un.

– C'est vrai, certaines personnes me manquent. J'aurais pu choisir de rester à Paris et de ne pas suivre ma mère à Manille, mais j'ai préféré rompre avec mon petit ami, Fabio. Ça faisait plus d'un an qu'on était ensemble et ça n'a pas été facile, ni pour lui ni pour moi. C'est toujours difficile, mais je n'aurais pas supporté l'idée d'abandonner maman. Je ne suis pas prête. C'est la seule famille qu'il me reste.

Elle semble visiblement émue, je ne peux m'empêcher de lui serrer maladroitement la main pour la réconforter.

– Ouh ! là, là ! 18 heures déjà ! Il faut que je rentre ! Attends, j'appelle mon chauffeur.

– C'est vraiment cool de prendre ces cours avec toi ! On se voit mercredi prochain donc ?

– Oui ! Et tu as intérêt à bosser en attendant ! Tu vas m'apprendre cette liste de mots et tes verbes irréguliers par cœur pour la semaine prochaine, et interrogation écrite !

– Ça roule !

Je raccompagne Debjani à la porte et la regarde partir vers l'entrée du village en admirant sa tenue. Je n'avais pas remarqué à quel point elle était stylée : jean slim, ballerines blanches à bouts dorés, pull ample à paillettes, et ruban blanc dans les cheveux… Pff, je suis presque jalouse le temps d'une seconde !

– Maman, je veux que tu deviennes designer !

– Comment, chérie ?

– Rien !

– Alors comment ça s'est passé, ton premier cours ?

– Super, c'est vraiment providentiel, cette histoire !

– Tu peux le dire ! Vous avez parlé anglais j'espère ?

– *Of course, mum !*

– *Nice !* Bon allez, viens me voir un peu ! On va passer un petit moment ensemble.

– OK, mamounette ! Mais avant il faut juste que j'aille sur Internet.

Je remonte rapidement dans le bureau pour envoyer quelques e-mails à Mouna et aux copains, simplement pour leur dire que je pense à eux : c'est ma décision de garder contact ! Puis je traîne un peu sur le Net à la recherche d'informations sur les Philippines. Je tombe sur le site d'une association qui vient en aide aux enfants d'ici et qui fait du parrainage scolaire, elle s'appelle « Enfants du Mékong ». Ce sont des sponsors en France qui donnent de l'argent chaque mois pour que les enfants puissent aller à l'école. Il y a même des témoignages de jeunes qui s'en sont sortis grâce à leurs études… Et dire que moi je donnerais ma tirelire pour ne plus avoir à aller travailler ! Sur le site, il y a pas mal de photos d'enfants des bidonvilles. C'est bizarre d'imaginer que maintenant ils ne sont qu'à quelques kilomètres de moi… Apparemment, il y a même de jeunes Français qui habitent aux Philippines pour aider sur place, au nom de l'association, des volontaires. C'est bien de faire ça, moi je crois que je n'en serais pas capable ! Pourtant, maintenant que je suis ici, je n'ai pas vraiment d'excuses pour rester les bras croisés…

Songeuse, j'ai un peu honte devant mon écran. Il faudrait peut-être que je m'investisse dans une association comme celle-là, en plus papa doit en connaître… Je vais lui en parler. Et puis je pourrais proposer à Debjani de venir avec moi.

– Jaaade ! Je t'attends ! Après je vais devoir aller chercher Toto chez les voisins et on n'aura plus de temps !

– J'arrive, m'man !

Maman me propose d'aller faire un peu de shopping entre filles pendant une heure dans le gigantesque centre commercial à côté de notre village. Il est monstrueusement grand, je n'ai jamais vu ça ! Il y a des tonnes de boutiques, je crois qu'on ne pourrait pas en faire le tour en une seule journée ! Je repense à la tenue de Debjani et je me mets en tête de trouver des vêtements de ce style pour essayer d'être à son niveau ! Maman m'offre généreusement une jupe et des sandales à lanières dorées : c'est un bon début ! Finalement, ça a du bon de suivre les parents au bout du monde, ils sont plus souples sur les achats cadeaux !

Dommage que les copains ne puissent pas me voir…

C'est la rentrée !

15 octobre, on craint toujours le pire

– Je ne veux pas y aller !

– Allez, Jadounette, ça va aller, c'est la première journée qui va être délicate et après ça ira…

– Je vais connaître personne et ça va être affreux ! Je-ne-veux-pas-y-aller !

– Jade, allez ! Va prendre ta douche, Maria-Mae t'a préparé un super petit déjeuner pour te donner du courage !

Heureusement qu'elle est là, Maria-Mae… Je m'extirpe de mon lit et je me dirige vers la salle de bains en traînant les pieds… J'ai envie de vomir, de pleurer et de retourner dormir. Le nœud que j'ai dans l'estomac ne présage rien de bon : cette journée va être la pire de ma vie.

Je récupère les vêtements que j'ai mis trois heures à choisir hier et je me jette en criant sous le jet d'eau glacée de ma douche : ce supplice de la douche froide a pour but de réveiller toutes les parties de mon corps et de mon esprit pour avoir l'air vraiment fraîche. Ce n'est pas gagné. En plus, c'est une autre douche froide qui m'attend tout à l'heure, puisque aujourd'hui c'est la rentrée.

– Bonjour, ma'am ! Vous allez bien ? Vous avoir tête de jours mauvais…

– Oui, Maria… Jour mauvais… très mauvais…

– Tenez, cacao chaud, crêpes françaises avec confiture banane et mangue ! Et j'ai fait gâteau à la noix de coco aussi ! Pour vous ! Pour l'école !

– Merci, Maria… je ne sais pas ce que je ferais sans toi…

Maria rougit, elle n'est pas habituée à ce qu'on la remercie comme ça. Elle m'a raconté que dans une des familles chez qui elle travaillait les gens ne lui parlaient pas, sauf pour lui donner des ordres. Elle avait une minuscule chambre au fond du jardin, sans eau courante, et parfois même la mère la giflait quand elle n'avait pas fait ce qu'elle voulait… Une vraie marâtre, une sorcière, une esclavagiste ! Et le plus fou, c'est que Maria semblait trouver ça normal ! Ce qui l'étonne ici, c'est que nous sommes gentils… Moi je l'aime tellement, Maria ! Je ne peux imaginer qu'on puisse être aussi atroce avec elle. Et pourtant c'est courant ici, apparemment… « Ils me traitaient comme un animal méchant », m'a expliqué Maria. Pour agir comme ça, ils ne devaient pas avoir « la lumière à tous les étages », comme dirait Bon Pap' !

Je me mets à table et je plonge ma tête dans mon bol de chocolat. Je ne peux rien avaler tant le stress me ronge les tripes, mais je me force à goûter une crêpe pour faire plaisir à Maria qui m'observe.

– Mmmmm ! C'est délicieux, dis-je avec un entrain feint.

– Ah ! Merci, merci, ma'am !

Profitant qu'elle me tourne le dos pour laver quelques assiettes, je mets le reste dans un sac plastique pour l'école… On ne sait jamais, peut-être en voudrai-je quand je serai seule sur un banc lors de la récréation de 11 heures…

– Jaaade ! Boong t'attend pour décoller et Toto est prêt !

– Naaaaann… Maman…

– Allez, allez ! Vite ! En plus, si tu ne veux pas te faire remarquer, il vaudrait mieux être à l'heure !

Sur ce coup-là, elle n'a pas tort. Motivée par cette nouvelle angoisse d'arriver en retard le premier jour sous les regards inconnus et hostiles des élèves de ma nouvelle école, je saute de ma chaise, enfile ma veste en jean et m'engouffre dans la voiture sous le regard mauvais dc cc fichu jardinier aux yeux ensorcelés.

– Salut, ma'am Jade ! me dit Boong, le sourire éclatant.

– Salut, Boong.

– Alors, premier jour de l'école ?! Bien, non ?

– Non, Boong… je suis terrifiée…

– Ah mais non ! Vous avoir nouveaux copains ! Avec des Philippins ! Ils sont bons !

– Pff… mouais… On verra… Mais merci pour les encouragements.

– Allez, ma'am Jade, moi être avec vous et moi prier pour vous !

– Merci !

Qu'est-ce qu'il est gentil quand même… Je suis presque émue par tous ces encouragements. Toto, lui, est super content de rentrer à l'école, et je ne me fais aucun souci pour son intégration.

Après une demi-heure de route embouteillée, nous arrivons au moment de la sonnerie. Ouf ! Je cours dans le hall et demande mon chemin à la secrétaire, puis dévale une cinquantaine de marches avant de trouver le rang de ce qui semble être ma nouvelle classe.

Évidemment, ce que je redoutais le plus se produit : en arrivant au bout du rang, je ne remarque pas la marche traîtresse qui se trouve devant moi et je m'écroule sur deux élèves.

– Ouh ! là ! ça va ? me demande une jeune fille philippine dans un français impeccable.

Rouge cramoisi de honte, je lui chuchote que oui. Seigneur, je veux disparaître sous terre, MAINTENANT ! Un garçon à son côté me frotte le dos pour enlever la poussière qui y est collée. Il rigole sans pour autant se moquer :

– Dis donc, pour une rentrée, c'est une rentrée !

– Hé hé hé...

Je ris jaune. Heureusement, le reste de la classe semble n'avoir rien vu.

– Tu viens d'où ?

Encore tremblante et le cœur palpitant, je ne sais plus d'où je viens :

– Heu... Je... viens de France...

– OK ! Cool ! Bienvenue ! Moi, c'est Divine et lui, c'est Jun ! Et toi ?

– J... Jade.

– Ah, c'est beau comme prénom !

– Merci...

– Tu ne connais personne, j'imagine ?

– Non... personne... Et vous ?

– Ça fait quelques années qu'on est dans cet établissement. Jun et moi, nous nous connaissions de vue, mais c'est la première fois qu'on est dans la même classe.

– Ouais ! Avant Divine me snobait un peu, je crois, ajoute Jun pour plaisanter.

Ces deux-là ont vraiment l'air sympa !

Mon esprit se reconnecte un peu et je commence à me dire que ça ne va pas être si terrible finalement. De toute manière, le pire est déjà arrivé : je me suis vautrée devant ma nouvelle classe, le jour de la rentrée.

Nous nous installons dans une vaste salle et Divine m'invite spontanément à me mettre à côté d'elle et de Jun. Chacun a un petit bureau individuel, et nous pouvons nous asseoir où nous voulons, privilège des terminales : « Vous êtes des grands maintenant. »

Nous attendons quelques minutes l'arrivée des professeurs. C'est l'occasion de faire plus ample connaissance avec Divine et Jun. Ils sont tous les deux philippins, ils ont étudié à l'école française depuis toujours et sont complètement bilingues. Ils semblent être issus de familles aisées, ils ont déjà voyagé en France et ailleurs dans le monde. En tout cas, ils sont particulièrement gentils et je suis rassurée par leur accueil. Moi qui avais si peur d'être toute seule, j'ai déjà l'impression de m'être fait deux bons copains.

C'est d'abord un homme qui fait son entrée dans la classe, et tout le monde se met debout dans un brouhaha de chaises sur le parquet.

– Bonjour à tous, bonjour, les terminales E !

– BONJOOOUR, MONSIEEEUR ! s'exclame toute la classe en chœur.

– Ah, eh bien, voici une classe qui a l'air motivé, c'est bien !

Les présentations commencent et nos professeurs défilent : anglais, maths, français, philo, bio, sport… Il y en a un qui ne semble pas commode, c'est le prof de mathématiques, un certain M. Stermons : j'ai le pressentiment que lui et moi, ça ne va pas coller…

– Il est horrible, lui ! me chuchote Divine.

Les présentations s'achèvent et nous commençons par un cours de sport… Les cours de sport en début d'année, ça peut être bien, comme très douloureux : si on fait du tennis, je vais encore devoir essuyer des moqueries… Mais non, je ne rêve pas, nous allons commencer par un cours de gymnastique ! JOIE !

Nous descendons au gymnase et j'ai bien du mal à cacher mon enthousiasme. Je vais les épater : en matière de gym, je suis assez confiante ! Divine et Jun restent avec moi, m'expliquent les us et coutumes de mon nouveau lycée, me parlent des gens sympas et de ceux qui le sont moins :

– Méfie-toi de ce garçon, Harvey, il est méchant et déteste les Français… Ne t'inquiète pas, il sera certainement odieux avec toi, mais c'est normal…

– Merci de me prévenir… On verra bien…

Nous nous changeons : pour la première journée, le lycée nous prête les équipements. Le prof de gym est hyper-beau, il a un physique d'athlète de haut niveau.

– Ça va être dur de se concentrer, commente Divine en rigolant.

Jun, qui est à côté, gonfle ses petits muscles à la manière d'un bodybuilder :

– Et là ? Vous arrivez à vous concentrer, les filles ?

Il a l'air d'un vrai boute-en-train, ce Jun, on ne va pas s'ennuyer, visiblement !

M. Delgado, le prof, nous fait signe de nous asseoir et nous explique comment va se dérouler notre premier cours : test de niveau pour nous répartir par groupes. Je me garde de parler de mes aptitudes en gym, pour conserver la surprise. Et puis, s'il s'était agi d'un autre sport, le stress m'aurait certainement fait tomber dans les pommes.

– Divine, à toi ! Fais-moi un équilibre, un grand écart, une roue puis une rondade. Si tu sais faire d'autres choses, montre-nous…

« Ouhaaaaaaa !!! » Des soupirs d'admiration s'élèvent de la salle de gym : Divine est en train de nous faire la plus belle démo de gym que j'aie eu l'occasion de voir depuis longtemps ! Et moi qui pensais tous les bluffer, me voilà remise à ma place. Elle est incroyablement souple et ses mouvements sont parfaits. Sous un tonnerre d'applaudissements, elle revient s'asseoir à côté de moi. Je ne sais pas quoi lui dire :

– Mais… Tu es… Tu es gymnaste pro ?

– Je fais de la gym depuis que j'ai 5 ans, c'est ma passion. D'ailleurs, je concours en national cette année. Et le prof de l'école m'a entraînée l'année dernière pour un championnat interscolaire.

– Naaaan ?!

– Jade Courtalys ?

– Aïe ! C'est à moi. Oui, monsieur !

– Alors, Jade, vous êtes nouvelle ici : montrez-nous si vous savez faire quelques mouvements.

L'heure est grave, il va falloir que je fasse au moins aussi bien que Divine si je veux être dans son groupe. Je m'élance et exécute quelques mouvements. Je suis un peu rouillée mais je fais de mon mieux.

– Alors ça ! Je vois que nous avons une autre championne de gym parmi nous ! Bravo, Jade, c'est extra !

Ouf ! Je crois que ça s'est bien passé ! Je retourne avec un grand sourire satisfait m'asseoir à côté de Divine qui est morte de rire :

– Tu t'es bien gardée de me le dire : tu as un super niveau !

– Merci ! Désolée mais tu m'as tellement épatée que je ne voulais pas parler trop vite ! Moi aussi je fais de la gym depuis que je suis toute petite, en France, et c'est ma passion… Mais j'ai arrêté depuis que je suis aux Philippines…

– Mais il ne faut surtout pas que tu arrêtes, tu es hyperdouée ! Je vais voir avec mon club si tu peux te joindre à nous.

– Ah oui ? Tu penses qu'une Française pourrait intégrer une équipe philippine ?

– Pourquoi pas ? J'y vais ce soir, je me renseignerai.

– Ce serait cool !

Ce serait la meilleure nouvelle depuis que je vis ici…

– Harvey !

– Non merci ! La gym, c'est pour les godiches qui se la ramènent ! C'est pour les Françaises et pour les moches. Moi, je suis un homme, pas une fillasse !

Je commence à entrevoir l'heureux caractère de ce fameux Harvey… ça va être chouette de l'avoir dans la classe…

La journée se termine sur un cours de maths avec M. Stermons, qui me reprend dès les dix premières minutes pour avoir souri à Divine. Moi qui voulais me faire discrète aujourd'hui, c'est tout raté…

Quand je rentre à la maison, maman est étonnée par ma bonne humeur :

– Eh bien, ma belle, si j'avais su que je te récupérerais si joyeuse, j'aurais fait avancer la date de la rentrée scolaire !

Je la suis dans la cuisine, me fais un thé glacé et m'assieds avec elle :

– Oui ! Ça s'est bien passé finalement, je me suis fait des copains et je vais peut-être pouvoir reprendre la gym ! Tu imagines ?

– Mais c'est super, ça !

– Oui, je suis trop heureuse ! Ça me manquait vraiment…

– Je sais, ma chérie… Mais, c'est sûr ?

– Nan… J'en saurai plus demain, je pense.

– Tu me le dis dès que tu sais, hein !

– *Yes, mum !* Allez, je monte et je te raconte plus en détail après ! À tout à l'heure !

Je grimpe dans ma chambre et frôle l'arrêt cardiaque quand je tombe nez à nez avec Jim le jardinier :

– Que ? Que fais-tu dans ma chambre ?

Il me regarde, impassible, et ferme ma fenêtre. Je réitère, plus violemment :

– QUE FAIS-TU DANS MA CHAMBRE ?

– J'accroche des fleurs à ta fenêtre.

– *What ?*

Sans que je puisse rien ajouter, il sort et claque ma porte. Alors lui, il ne manque pas de toupet !

Je suis furieuse ! Je le déteste, ce type, il n'est bon qu'à me ficher la trouille. Je vais en reparler à papa, ça ne va pas se passer comme ça. Je m'assieds devant l'ordi, quand je remarque qu'il est déjà allumé. Mince, j'ai dû oublier de l'éteindre hier…

– Jade chérie ! Viens avec nous pour trinquer à la rentrée ! On t'attend en bas pour une petite soirée en famille !

Oui, c'est un bon programme ça, un apéro-dîner en famille ! Surtout qu'on n'a pas vu papa depuis un bail… Il bosse comme un forcené en ce moment et il est assez tendu. J'espère qu'on va pouvoir passer une soirée sans stress…

Mise en examen... blanc !

2 décembre, association de bienfaiteurs

Depuis la rentrée, les jours ont passé à une allure folle. Le niveau à l'école est bien plus élevé que je ne l'imaginais... À ce rythme, j'ai l'impression d'être en prépa, et avec la moitié des cours en anglais je ne suis pas à la fête... Heureusement que j'ai mes cours de soutien avec Debjani, c'est génial de travailler avec elle, nous sommes de plus en plus proches.

Bref, depuis octobre, je n'ai fait que bosser, bosser, bosser... En dehors de la gym avec Divine – j'ai enfin intégré son cours – et de la messe dominicale en famille, mes sorties ont été plus que limitées. J'ai donc passé la semaine dernière enfermée dans ma chambre à bûcher comme une folle. Demain lundi, c'est le bac blanc ! Pitié ! Si je veux pouvoir profiter des vacances de Noël paradisiaques, j'ai plutôt intérêt à m'activer et à le réussir. Je ne supporterais pas d'avoir les parents sur le dos au lieu d'être à la plage...

Entre deux révisions, je suis tombée par hasard sur un blog tenu par un volontaire de l'association Enfants du Mékong, dont j'avais trouvé le site il y a quelque temps. Un certain « Gag' », comme il se surnomme lui-même. Il habite Manille depuis presque deux ans et loge dans un bidonville. J'ai commencé à lire quelques-uns de ses articles et je n'ai pas pu décrocher ! Il est en mission au cœur d'un quartier pauvre, au service de la communauté qui y vit. Ce qu'il raconte est convaincant. Mais moi j'ai encore peur de sortir toute seule de notre village sécurisé… Ce garçon a l'air heureux, on dirait qu'il vit des expériences uniques. Il arrive que, la nuit, il parte avec une équipe pour ce qu'il appelle des *big nights* dans les quartiers les plus défavorisés, donc les plus dangereux, pour y récupérer les enfants des rues… Ensuite ils les ramènent dans un centre pour s'occuper d'eux… les laver, les habiller, les nourrir… Ca-non !

– Jade ? Ma chérie, à table !

– J'arrive !

Je dévale l'escalier et entre en trombe dans la salle à manger. Ça y est, je suis en nage. C'est bien simple, il suffit de s'activer un peu ici pour se liquéfier. Je ne m'habitue pas à cette chaleur moite.

– Qu'est-ce qu'on mange ?

– Maria nous a préparé un poulet *adobo* [1] avec des frites, pour te donner du courage !

– Yes, trop bon ! Merci, Maria !

– Alors, tu es prête pour demain ?

– Mouais… on verra. Papa ? Tu connais Navotas ?

– Navotas ? Oui, c'est un quartier très pauvre de Manille. Il y a d'importants bidonvilles là-bas. Nous y avons un programme de soins d'ailleurs. Pourquoi ?

– Juste comme ça, j'ai lu un truc au sujet de cet endroit. Tu pourras m'y emmener un jour ?

1. Le poulet adobo est un plat familial, typique des Philippines. Il est cuisiné avec de l'ananas, de l'ail, du vinaigre et de la sauce soja.

– Je ne pense pas, ma chérie. Ce sont des lieux de misère terrible, tu sais, ça ne se visite pas, et je ne sais pas ce qu'une jeune fille comme toi pourrait bien y faire.

– Eh bien, je pourrais t'aider si tu y vas.

– M'aider ? Non, Jade, ce n'est pas ta place. Pour le moment, concentre-toi sur ton bac blanc. Après on verra.

J'engloutis mon adobo. Ça y est, je suis énervée. Où croit-il qu'elle est, ma place ? Au bord de la piscine à soigner mon bronzage ?

Je remonte travailler, sans attendre l'autorisation de quitter la table, et je m'enferme dans ma chambre.

Je prends mon téléphone pour appeler Divine. La gym et le lycée nous ont bien rapprochées. Je l'aime beaucoup. Tiens, je vais lui parler un peu en tagalog pour une fois !

– Hello, Divine ! *Kumusta Ka na*[1] *?*

– *Mabuti si Jade ! Ikaw*[2] *?* C'est bien, tu t'améliores en tagalog !

– *Naman*[3] *!* Ha ha ! Oui !

J'apprends en effet peu à peu le tagalog au contact de Maria-Mae et de mes amis philippins. Dès que j'ai un peu de temps, je demande à Maria de me donner des cours, ce qu'elle fait avec beaucoup de plaisir. En fait, ses leçons consistent à continuer nos échanges habituels, sur le temps, le menu, le programme de la journée, mais dans sa langue natale. Ça me permet de connaître assez vite le vocabulaire de base et les expressions de la vie courante. Je crois qu'elle est touchée que je veuille apprendre sa langue. En

1. « Comment vas-tu ? »
2. « Bien, Jade ! Et toi ? »
3. « Pareil ! »

échange, je l'aide à perfectionner son français. Du coup, je baragouine avec Divine qui est bilingue.

– Tu es prête pour demain, Divine ?

– Écoute, j'ai révisé comme je pouvais... C'est le stress mais, de toute façon, maintenant c'est trop tard. J'ai travaillé les maths avec Jun hier soir, il est incollable ! Et toi, *ready* ?

Ready, je pense l'être, et un peu vexée aussi : ils auraient quand même pu me prévenir qu'ils révisaient ensemble...

– Bah... j'espère. Bref ! Tu sais, l'autre jour, quand je t'ai parlé des bidonvilles et du travail que fait mon père... J'ai bien réfléchi, et je pense m'inscrire dans une association, s'ils acceptent des volontaires « ponctuels ».

– Je crois que ça existe, oui, j'en ai déjà entendu parler. Ils s'occupent d'enfants le plus souvent ?

– Oui, je me disais que si toi et Jun étiez libres, nous pourrions y aller dans quinze jours. Les examens seront finis, on aura l'esprit plus libre !

– OK, ça m'a l'air bien, j'en parle à Jun.

– C'est parfait ! Je vais proposer à ma copine Debjani aussi, ça ne t'ennuie pas ?

– Aucun problème, à demain !

Ni une ni deux, je reprends mon téléphone :

– Salut, Debj !

– Hey ! Salut, Jade ! Comment vas-tu ?

– Mis à part que je passe le bac blanc cette semaine, ça peut aller. Et toi ?

– Moi aussi, beaucoup de boulot, mais les cours de stylisme sont intéressants et il y a une bonne ambiance dans ma classe. On se voit bientôt ?

– Justement ! Je voulais te proposer de te joindre à moi et quelques amis le samedi 14 décembre, pour s'occuper des enfants des rues.

– Oui ! Avec plaisir, ce serait à quelle heure ?

– Il faudrait être à 8 h 30 sur place. C'est à Quezon City [1]. Tu pourras venir ?

– Oui, je viendrai avec notre chauffeur. En attendant, j'allais justement te faire une proposition pour le week-end prochain. Maman t'invite au défilé qu'elle organise pour sa nouvelle collection, ça te dirait de venir ?

– Tu plaisantes ? Bien sûr que je veux venir ! En plus, j'aurai juste fini les exams. Il faut que je demande à mes parents mais ils devraient être d'accord, ils aiment beaucoup ta maman.

Deux week-ends hors de ces murs ! Génial. Un week-end entre filles avec un défilé de mode et un autre en « bénévole », le rêve…

Je me remets difficilement à mes révisions. Les maths, ce n'est vraiment pas mon fort. Franchement, ça sert à quoi dans la vie, une fonction ? En plus, les cours en anglais n'arrangent rien. Je dois me concentrer comme une folle pour réussir à analyser les problèmes posés. J'y passe plus d'une heure encore, et plus je travaille moins j'ai l'impression de comprendre. J'aurais bien besoin de l'aide de Jun sur certains points.

En y repensant, je suis vraiment étonnée de n'avoir pas été au courant de sa réunion de travail avec Divine. Ce n'est pas très gentil de leur part ! Y aurait-il « mammouth sous

---

1. Quezon city est l'une des douze « villes » qui composent Manille. C'est la principale et également l'une des plus pauvres.

gravillon » entre ces deux-là ? Je ne pense pas, nous sommes tous les trois bons amis. Quelques couples se sont formés dans la classe depuis le début de l'année, et nous ne les envions pas vraiment. Pour l'instant, ce qui compte c'est notre super amitié, et notre bac bien sûr !

De toute façon, il est trop tard maintenant pour réviser, on verra bien demain. Je vais confier ça à saint Joseph pour obtenir un petit coup de pouce divin. Au pire, je ferai une neuvaine express à sainte Rita pour les causes désespérées ! *Alea jacta est*[1] *!* À propos, heureusement que j'ai arrêté le latin, c'est toujours ça de moins à réviser.

Tout de même, ce serait mieux si je comprenais quelque chose à cet exercice de maths… Je me décide à téléphoner à Jun pour lui demander de m'expliquer, je vais mettre ma petite rancune de côté pour aujourd'hui… S'il est vraiment incollable, il devrait pouvoir m'aider, moi aussi :

– Salut, Jun, ça va ? Je te dérange ?

– Non, ça va, je viens d'arrêter de bosser. Et toi ?

– Moi, c'est l'horreur pour les maths… Je ne comprends pas l'exo de la page 12… Le numéro 3… et en anglais, c'est tendu ! Tu crois que tu peux m'aider à avancer ?

– L'exo 3 ? Mais c'est fastoche ! Écoute…

Jun me traduit l'exercice et se lance dans une explication des plus… excentriques :

– C'est un peu comme si tu avais prévu de manger un gâteau avec de la crème anglaise au-dessus et que tu devais partager le gâteau en 6 et la crème en 4, le tout sans vouloir prendre plus de 2 kilos. Le rapport kilo/crème est moins élevé que celui gâteau/kilo, mais si tu rapportes tout à une durée déterminée, mettons dix jours, alors…

---

1. Traduit du latin : « Le sort en est jeté ! »

Jun me fait sa popote pour m'expliquer et, au bout de trente minutes de cuisine, de calories et de kilogrammes, j'arrive à entrevoir son raisonnement :

– Ah oui ! Je crois que je comprends !

– Ah !

C'est vrai qu'il est fort, ce Jun !

– Tu es mon sauveur, merci !

– *You're welcome, baby !* Allez, bonne soirée et pas trop de gâteau, hein !

– Oui, t'inquiète ! À demain !

Un petit saut sur le blog du dénommé Gag' avant d'aller dormir : la perspective de faire du bénévolat pour cette association dans quinze jours me donne envie de m'informer davantage sur le sujet. Gag' a écrit un article sur ce qu'est un *feeding program*. En cherchant dans les archives de son site, je retrouve l'article, que je m'empresse de transférer à Divine, Jun et Debj.

Article datant du 6/11

Écrit par Gag'

« Laissez venir à la Jeep les petits enfants »

L'association He Cares (« Il protège » = Dieu, en l'occurrence) est une structure qui a été créée par un prêtre français installé aux Philippines depuis plus de dix ans : le père Alex. Il a construit cette association de ses mains et avec son cœur, qu'il a fort grand d'ailleurs. Il s'occupe de ce centre, en plus d'habiter au cœur d'un bidonville en compagnie des plus pauvres. C'est un homme extraordinaire.

Avec He Cares, père Alex a développé différentes activités en faveur des enfants des rues. Il porte un amour sans faille à ces enfants oubliés dans les bidonvilles insalubres de la ville et qui habitent simplement dans des boîtes en bois, sur des cartons et sous des bâches en plastique, cela, même quand il fait trente-cinq degrés...

À He Cares, la journée du samedi est donc consacrée au feeding program. Les bénévoles présents partent chercher un grand nombre d'enfants. En général, ceux-ci sont sales, dénutris, parfois abandonnés, bien souvent malades ou infectés... Aucun besoin de se faire prier, dans une euphorie partagée, nous repartons tous en camionnette en direction du centre.

Tous les « résidents » de ce quartier se lavent dans l'eau croupie qu'ils trouvent à proximité et se nourrissent exclusivement de riz, quand ils le peuvent, puisque c'est la seule ressource alimentaire qu'ils ont à disposition. Cette rue misérable est un nid à infections, maladies et autres injustices. Cette situation désastreuse, plus que précaire, est à l'origine d'une multitude de carences, chez les petits principalement. Ici, tous sont faibles, fatigués, malades, infectés, amoindris, maigres et sales... Ces « petits cochons » sont loin d'être roses et grassouillets... ils n'en sont pas moins mignons...

Ces enfants ont les plus beaux, les plus sincères, les plus vivants, les plus vivifiants, les plus étonnants et les plus rayonnants sourires que le bon Dieu m'ait donné d'admirer et de recevoir. Comme il est mystérieux d'être aussi lumineux dans tant de souffrances. Je ne pourrais jamais les remercier assez fort pour tout l'amour qu'ils me donnent généreusement et si simplement quand je suis avec eux. Ils sont tendres, aimants, souriants, câlins... Ils complimentent, remercient, embrassent, étreignent... dans la plus grande sincérité et sans cesse. Ils sont en manque cruel d'affection et nous, volontaires, ne demandons qu'à en donner...

C'est parfait, nous nous rencontrons ici pour combler ces demandes respectives. À la messe ou pendant les prières organisées avant les activités, tous ces petits se tiennent impeccablement : aucun ne bronche ni ne rouspète, leur silence est d'or. C'est un moment sacré dont ils ont pleinement conscience. Qu'ils aient 2 ou 10 ans, c'est dans un respect remarquable, les mains jointes, les yeux et le cœur tournés vers le ciel, qu'ils prient et remercient leur Jésus bien-aimé pour cette vie qui est la leur, aussi précieuse à leurs yeux que misérable aux nôtres.

En fait, ces enfants sont merveilleux, je crois bien que je les aime.

Votre dévoué Gag'

Mon cœur se serre, je ne suis pas sûre d'être prête à vivre ce genre d'expérience. Si j'osais, j'enverrais bien un e-mail à ce Gag' pour lui faire part de mes appréhensions, lui poser des questions plus précises sur le déroulement des choses. Peut-être est-ce à ce même programme que nous participerons samedi ? Peut-être sera-t-il parmi les volontaires ? Cela pourrait être intéressant de le rencontrer. Nous verrons bien. Il faut que je me couche maintenant : demain, c'est face à mes feuilles d'examen que je vais avoir besoin de courage !

Entre bidonville et défilé

7 décembre, défilé d'émotions

– J'y vais ! Bonne journée !

– Attends, chérie ! Maria vient avec vous, vous la déposerez près de chez elle. Et prends ça pour offrir à Âbha !

Maman me tend une grosse boîte de chocolats pour la maman de Debjani en remerciement de son accueil.

– Merci, à demain soir pour le défilé !

Je vais passer le week-end chez elles car Âbha m'a invitée à la préparation du *fashion show* de sa nouvelle ligne de robes de soirée. Le rêve ! J'ai dû négocier avec les parents pour avoir le droit d'y aller, mais ma semaine de DST [1] s'est plutôt bien passée et, après tout, j'ai besoin de décompresser !

C'est la troisième fois en quatre mois que je me rends chez Debjani et je suis tout excitée à l'idée du programme qui nous attend. Leur maison est très belle et magnifiquement décorée : elles ont recréé une atmosphère à l'indienne, pleine de couleurs, de rideaux et de bougies. C'est féerique !

– Hello, Boong, peux-tu me conduire chez Debjani au fort, *please* ?

---

1. Devoir sur table.

J'ai réveillé notre chauffeur, qui dormait paisiblement dans la voiture.

– *Yes*, ma'am Jade, mais je vais d'abord rapprocher Maria de chez elle, si vous êtes d'accord. J'ai vu ça avec votre père.

– Oui, aucun problème !

Boong, notre chauffeur, est sympa. Toujours le sourire, toujours joyeux… Il pose plein de questions, s'intéresse à Toto et à moi : on peut dire qu'on l'a dans la poche ! Il chante non-stop, il me fait rire ! Il a plusieurs tatouages sur le bras droit, et il y en a deux qui me fascinent : un petit à l'intérieur du poignet, qui représente deux croix dans un cercle autour duquel s'enroule un serpent avec une langue fourchue, sans doute un symbole mystique ; l'autre, c'est une lettre sur chacun des doigts de sa main gauche, un « X », sur chaque première phalange, comme un coup-de-poing américain tatoué.

Étonnant pour un gars doux comme un nounours ! Quand j'ai demandé à Boong ce que tout ça représentait, il a tiré sa manche dessus, tout gêné le pauvre ! Il doit penser que les tatouages sont mal vus par les gens comme nous, que nous désapprouvons ce genre de choses. Ce que je peux être maladroite, parfois !

– On part, ma'am ?

– Oui, Boong, *let's go* !

Maria et moi embarquons donc dans le carrosse familial et nous sortons du village sécurisé.

C'est la première fois que j'accompagne Maria pour la déposer chez elle. Je ne sais toujours rien de sa vie en dehors de notre maison. J'en ai un peu honte. Je me souviens de cette bonne journée passée avec elle au marché : elle m'a fait découvrir son pays, m'a introduite là où je ne serais pas allée seule… Ce jour-là, elle m'a parlé de ses six enfants et de son mari, malade je crois… Trop préoccupée par mon nombril, je ne m'y suis pas intéressée.

– C'est comment chez toi, Maria ?

– Ah ma'am… Très différent de maison à toi, très petit, nous très pauvres, tu sais !

Elle me dit ça en riant.

– Tu habites… dans un bidonville ?

Je regrette d'avoir posé la question si abruptement, mais Maria n'a pas l'air de s'en formaliser. Elle me raconte un peu sa vie. Elle habite bel et bien dans un bidonville, à Sawata, l'un des quartiers les plus pauvres de Manille. D'ailleurs nous n'allons pas la déposer chez elle car c'est beaucoup trop dangereux de nous approcher d'un tel endroit avec notre voiture « de riches ». Il y a beaucoup d'enlèvements contre demande de rançon aux Philippines, et les premières cibles des ravisseurs sont les expatriés fortunés. J'en ai des frissons.

– Ma maison c'est taille salle de bains à toi, me dit Maria en souriant.

La comparaison a l'air de beaucoup l'amuser et je me sens un peu mal à l'aise.

– Six enfants, 6 à 18 ans, et mari très malade : tuberculose ! Lui pas travailler. Seule moi gagner l'argent, et pour enfants réussir, moi payer études… très cher.

– Vous vivez tous les huit dans ma salle de bains ?!

C'est quoi, cette question stupide ? Je l'ai vraiment posée à voix haute ?

Cette fois-ci, Maria rit franchement.

– Oui, avec *nanay ko* [1] et deux cousines, elles venir pour trouver travail à Manille.

Ma salle de bains fait dix-huit mètres carrés. *Comment est-ce possible ?*

– C'est dur huit personnes, neuf avec Dieu, c'est mieux ! Ha ha ! Tout être possible avec prières, et nous avoir amour !

– *Na dito ba si, Ate* [2] *Maria* [3] *?* nous interrompt Boong en s'arrêtant le long d'une enfilade de tricycles.

Notre véhicule ne passe pas inaperçu : nous ne sommes visiblement plus du tout en terrain familier.

– Oui, oui ! C'est bon, trop près ! Allez, vite, vite, filez !

– OK ! Bon week-end, *Ate Maria. Ingat* [4] *!*

– *Ingat din* [5] *!*

Maria-Mae à peine descendue, Boong redémarre rapidement et entreprend un demi-tour sec. Il est stressé, cela se voit. Il ne cesse de jeter des regards furtifs aux rétroviseurs, comme s'il craignait d'être suivi.

– Boong, que… ?

Ses craintes sont justifiées, en me retournant, j'aperçois par le pare-brise arrière cinq gaillards courant après la voiture les poings en avant. Que se passe-t-il ?

Un coup de feu retentit. Je pousse un hurlement, mais aucun son ne sort de ma bouche.

– Baissez-vous, ma'am Jade !

---

1. « Ma maman », en tagalog.

2. Les termes *Kuya* et *Ate* sont utilisés pour s'adresser respectivement à un aîné et à une aînée comme un signe de respect.

3. « Je te laisse ici, Maria ? »

4. « Fais attention à toi ! »

5. « Toi aussi ! »

Je ne pose aucune question et me réfugie derrière la banquette en retenant mon souffle. Une pluie d'impacts s'abat sur le véhicule. Un cri m'échappe, sonore cette fois, et Boong pile nerveusement. Nous venons de nous faire tirer dessus puis caillasser par un groupe de jeunes en furie, et notre voiture est immobilisée en travers de la route. Les jeunes sont autour de nous. Ils tapent violemment sur les vitres. Elles vont céder… Mais soudain ils ouvrent la porte avant et je les entends sortir Boong du véhicule sans ménagement. Prostrée derrière la banquette, je ne respire plus. Grâce aux vitres teintées, je crois que personne ne m'a vue. Boong a les mains en l'air et le dos courbé. Les agresseurs lui parlent avec virulence dans leur langue et je n'arrive pas à comprendre. Boong fait face aux jeunes qui le violentent, il gémit, je l'entends, puis il finit par rentrer dans la voiture, haletant… blanc comme un linge et tremblant. Je ne bouge pas d'un poil. Je ne respire plus. Que vont-ils faire ?

Notre voiture redémarre dans un crissement de pneus. Elle s'éloigne rapidement et file vers l'inconnu. Le temps est suspendu, les virages que Boong prend sèchement me ballottent dans tous les sens, c'est interminable et ça me donne mal au cœur.

– Ça va, ma'am Jade ?

– Euh… non, pas trop !

Je me relève timidement.

– Que s'est-il passé ? Qu'est-ce qu'ils voulaient ?

Boong a le nez en sang :

– Mon Dieu, Boong, ça va ? Qu'est-ce qu'ils t'ont fait ?

– C'est un gang, ma'am… Très dangereux… Suis allé trop loin, pardon… Je voulais approcher Maria de sa maison… Je pensais pas… Ils ont pris *money-money* que votre papa a donné… six mille pesos [1] pour acheter nouvelle tondeuse à Jim ! Heureusement, suis sorti de voiture, ils auraient vu vous et Dieu seul savoir ce qu'ils auraient fait !

Boong est complètement retourné, il parle tout seul avec un ton monotone, comme s'il récitait des incantations. Il a les poings serrés et son sang tambourine dans ses tempes… Il me ferait presque peur ! Je le remercie de m'avoir protégée, et nous concluons un pacte : ne rien raconter aux parents pour ne pas les effrayer. Boong risquerait de perdre sa place, d'autant que papa est d'une humeur massacrante en ce moment. Et moi, je perdrais mon peu d'autonomie… Et puis, je l'aime bien, Boong, même s'il pose parfois trop de questions et qu'il est un peu bizarre… Je l'aime bien. Heureusement, la voiture n'est pas trop abîmée, quelques traces de cailloux mais, avec un peu de peinture, ça devrait aller.

En arrivant chez Debjani, je suis encore sous le choc. Je lui raconte l'agression, l'angoisse… Je fonds en larmes. Le contrecoup. Elle n'en revient pas. Elle me prépare un *lassi* [2] et m'offre quelques gâteaux. Je raconte encore sans pouvoir m'arrêter, abasourdie par une telle violence.

– Ma pauvre Jade, quelle histoire ! Toi, tu dois avoir une bonne étoile pour qu'ils ne t'aient pas repérée dans la voiture ! Remercie le ciel, ils auraient pu fouiller tout le véhicule !

---

1. Environ cent euros.

2. Boisson traditionnelle indienne à base de lait fermenté, il en existe plusieurs versions : nature, salée, épicée ou sucrée, cette dernière étant souvent aromatisée à la rose, au citron, à la framboise ou à la mangue. En Inde, le lassi est surtout consommé en dehors des repas, c'est un excellent rafraîchissement.

Mon sang se glace à cette idée.

En tout cas, j'ai décidé de ne rien dire à mes parents, d'autant qu'il y a plus de peur que de mal. Mais il va falloir que j'aide Boong à justifier la perte des six mille pesos. Il a très peur de papa, je crois. Il nous pose souvent des questions à son sujet, comme s'il cherchait à éviter de commettre un impair. C'est son employeur, il doit avoir peur de se faire renvoyer, ce serait horrible pour lui. Et puis, c'est vrai que papa est un peu dur en ce moment…

– T'inquiète pas, je peux te les prêter si tu veux, j'ai un peu d'argent de côté et je n'en ai pas besoin pour l'instant.

– Vraiment ?

– Vraiment !

– C'est vrai que ça me rendrait service… merci ! C'est toi, ma bonne étoile !

Debjani me raconte des épisodes similaires dont elle a entendu parler ou qu'elle a elle-même vécus en Inde :

– Une fois, j'étais à Calcutta pour aider dans un quartier très pauvre. En rentrant le soir vers l'infirmerie du coin, je me suis fait suivre par trois types cagoulés… J'ai commencé à courir, ils ont couru aussi et je me suis alors cachée dans une sorte de tonneau… Une chance qu'il se soit trouvé là, dans ce recoin… C'était l'angoisse absolue… J'ai attendu deux heures cachée, peut-être plus… Je les ai sentis se rapprocher et puis s'éloigner, mais je n'osais plus bouger. J'essayais d'appeler ma mère avec mon portable mais il n'avait plus de batterie ! C'était un vrai cauchemar ! À un moment, j'ai vu des enfants crapahuter et je suis sortie en me couvrant la tête avec mon sari, et puis j'ai couru comme une dératée… Je ne les ai jamais recroisés, mais je pense que je ne serais pas là, en tout cas pas comme tu me vois, s'ils m'avaient trouvée… En Inde, le nombre de viols est terriblement élevé, les femmes sont encore traitées par beaucoup d'hommes comme des objets.

La discussion se poursuit et l'ambiance tamisée de la maison, les odeurs chaudes de sable et d'épices indiennes m'apaisent peu à peu. Je me sens mieux. Au bout d'une bonne heure, je suis calmée et souhaite même me changer les idées. Vite.

– Où est ta mère, Debj ?

– Elle est au showroom. Elle prépare le défilé. Elle va rentrer tard, nous avons la soirée libre et j'ai invité quelques amis !

– Génial ! C'est quoi, le programme ? J'ai besoin de penser à autre chose, là.

– Il est 19 heures, on peut déjà monter nous changer si tu veux. On grignotera un truc rapidement après. Les autres arrivent vers 21 heures. Tu veux que je te prête des vêtements ?

– Sans rire ? Mais carrément !

Debjani est la fille qui s'habille le mieux du monde. Je rêve devant ses tenues chaque fois que je la vois.

Nous montons dans sa chambre où se trouve le dressing le plus fourni, le plus complet et le plus merveilleux que l'on puisse imaginer. C'est exactement ce qu'il me fallait pour oublier l'agression.

– Il est vraiment INCROYABLE, ton dressing !

– Oui, j'aime bien. Maman me rapporte des tonnes de trucs après ses défilés. Elle crée elle-même mes habits selon mes envies. Je choisis les tissus que je veux, elle a plein de réductions partout. J'ai beaucoup de chance sur ce plan-là !

Elle arbore un sourire satisfait et je me sens alors un peu envieuse. Pas peu fière, Debjani m'en montre encore plus.

Je suis comme Alice au pays des merveilles. Nous passons plus d'une heure à essayer tout et n'importe quoi.

Pour finir, j'opte pour un petit jean bleu sombre que je rehausse de jolis escarpins orange à talons fins de cinq centimètres. Chance : Debj et moi faisons exactement la même taille et la même pointure. Comme haut, je choisis une tunique fluide en soie imprimée d'une grosse fleur orangée sur le devant. Une ceinture à lanières pour compléter le tout, plusieurs bracelets cliquetants au poignet et une paire de petits diamants roses aux oreilles : me voilà sapée comme jamais ! Debj préfère mettre une longue jupe blanche en lin et soie et des ballerines turquoise. Avec cela, elle porte un débardeur blanc qu'elle habille de multiples sautoirs en perles et d'une étole de même couleur que ses chaussures, qu'elle porte nonchalamment sur ses épaules brunes. Elle est resplendissante. Cette fille, c'est la réincarnation de la reine de Saba [1].

– On va manger un morceau ?

– Avec plaisir !

Nous descendons les escaliers en imitant la démarche des mannequins que nous voyons à la télé et nous nous amusons à parler avec un accent : *So british !* Je suis soulagée de ne plus trop penser à l'épisode de cet après-midi.

À 21 heures, comme prévu, les amis de Debjani arrivent. Il y a trois filles et quatre garçons âgés de 20 à 24 ans. Ils viennent du monde entier : la Chine, l'Argentine, les

1. Dans la Bible, le chapitre 10 du premier livre des Rois raconte la venue de cette reine dans le royaume d'Israël et sa rencontre avec le roi Salomon. Cette reine légendaire, qui aurait régné sur le royaume de Saba (situé au Yémen ou en Éthiopie), est décrite comme une femme sublime et d'une profonde sagesse.

États-Unis, le Maroc, l'Iran, l'Écosse et la Russie. Avec Debjani et moi, c'est un véritable tour des continents que nous faisons en quelques heures. C'est génial !

Debjani raconte ce qu'il m'est arrivé et chacun y va de sa petite anecdote.

– Avant de venir habiter ici, l'ambassade d'Écosse nous avait prévenus qu'il fallait s'attendre à subir au moins un braquage à main armée aux Philippines. Pour toi, c'est fait, Jade !

– Les Philippins sont des gens très joyeux et très bons en général mais, comme partout, la pauvreté génère une très grande violence.

– Il faut simplement le savoir et se prémunir contre le danger. Même les Philippins les plus aisés se barricadent dans des villages sécurisés avec des gardes armés partout.

Nous continuons de parler de ce pays si contrasté, de ses dangers, des guerres de gangs et des bidonvilles, puis le débat s'oriente vers d'autres sujets plus légers et c'est tant mieux !

Il est 1 heure du matin quand Âbha rentre du showroom, et chacun repart chez soi. La maman de Debjani est souriante comme à son habitude et m'embrasse chaleureusement en serrant mon visage entre ses fines mains tatouées au henné [1].

– Ça va, jolie Jade ?

– Oui, très bien et vous ?

Âbha ne doit rien savoir de ma mésaventure.

1. Teinture corporelle. Au Maghreb et en Inde, elle fait partie de l'arsenal de la séduction féminine, sous forme de tatouages éphémères mystérieux, sur les mains notamment.

– Tenez, maman m'a donné ça pour vous remercier de votre accueil !

– Comme c'est gentil ! Merci ! Tes parents seront là demain, n'est-ce pas ?

– Oui, oui ! Ils viennent.

– C'est bien, je pourrai les remercier comme ça. Et Thomas ? Comment va ton petit frère ? Il se plaît à Manille ?

– Oui ! Il est comme un poisson dans l'eau ici ! Il s'est fait plein de camarades, il se débrouille de mieux en mieux en anglais et passe sa vie dans notre piscine, à jouer au foot ou à la Playstation avec nos voisins. C'est de son âge ! D'ailleurs, s'il ne vient pas demain soir, c'est qu'il passe la soirée chez eux pour regarder le dernier *James Bond*.

– C'est bien, il a 12 ans, c'est ça ?

– Oui, c'est ça.

Âbha nous embrasse une dernière fois, se sert du vin dans un grand verre en cristal et s'assied dans son canapé avec un journal. Grande classe…

Bon ! À l'inverse de l'après-midi, la soirée a été vraiment sympa mais il est temps d'aller nous coucher : demain, nous allons avoir beaucoup à faire pour préparer le défilé.

J'ai peur de faire des cauchemars cette nuit. Heureusement, je dors dans la chambre de Debj et nous allons bavarder jusqu'à tomber de sommeil.

– Debj ? Ils signifient quelque chose de particulier vos prénoms dans votre langue ?

– Tu vas rire si je te le dis !

– Vas-y !

– Debjani signifie « bien-aimée », et Âbha veut dire « éclatante beauté ».

– C'est génial, ça vous va parfaitement !

– Les prénoms en Inde sont toujours choisis pour porter bonheur et chance. C'est une sorte de bénédiction.

– Moi, le jade, c'est juste une pierre fine verte… Super… Maman m'a dit que si je n'avais pas de sainte patronne, c'était pour que j'en devienne une… Elle est drôle, hein !

– Moi, Jade… Jade'or, j'adore !

– Pas mal !

Nous explosons de rire et c'est parti, nous ne pouvons plus nous arrêter. Nous gloussons dans le lit pendant une heure à propos de tout et de rien. Alors que nous commençons à nous assoupir, Debjani me demande :

– Et avec ton ami Henri… ça va ?

– Mmm, je n'ai pas trop de nouvelles… Parfois un Like sur Facebook ou un commentaire… rien de plus… c'est bizarre, parfois j'y pense et ça me fait de la peine et parfois je n'y pense plus, je m'en fiche… Je ne sais plus trop bien…

– Oui… je comprends…

– Tu as des nouvelles de Fabio, toi ?

– Non, rien… Pour l'instant, c'est ce qu'il y a de mieux, il faut qu'on se laisse un peu de temps.

Mais j'étouffe un bâillement : je suis trop fatiguée pour repartir sur ce sujet-là et nous nous endormons avec mal aux zygomatiques. Quelle chance nous avons eue de nous rencontrer, Debj et moi ! Je ne pensais pas revivre des soirées pyjama à l'autre bout du monde !

Paillettes et rêve de fille

Samedi 7 décembre, podium de stars

– Hello ! Debout, les filles ! *Time for the show !*

– Déjà ? Il est 8 heures ?

Debjani et moi nous extirpons de sous la couette, les yeux bouffis et les cheveux en pétard. J'ai bien dormi, je n'ai fait aucun cauchemar, et j'ai décidé de laisser derrière moi les mauvais souvenirs d'hier : aujourd'hui est un nouveau jour !

– Allez, les cocottes, prenez votre douche, un bon petit déjeuner est prêt pour vous sur la terrasse de la piscine. Ensuite n'oubliez pas vos affaires, votre tenue de soirée, et en voiture ! Départ dans une heure et demie top chrono !

Âbha est de très bonne humeur.

– On a le temps de faire un saut dans la piscine ? demande Debjani.

– Oui, mais très vite, un plongeon et vous sortez ! Je savais bien qu'il fallait que je vous réveille en avance !

– Merci, maman !

C'est le réveil de rêve : nous descendons en maillot, sautons à pieds joints dans la piscine immense qui se trouve au fond du jardin, et nous faisons rapidement quelques longueurs pour finir de nous réveiller. Rien ne vaut une baignade avant un bon petit déjeuner de luxe ! Au menu ce matin, gâteau de riz à la noix de coco, croissant au beurre, confiture de mangue et de kiwi, jus de papaye, crêpe sucrée, ananas frais, pâte à tartiner au chocolat, pain grillé et beurre léger, *lassi* à l'indienne et thé au jasmin… C'est le paradis !

Puis, comme prévu, nous sommes prêtes pour partir à l'heure : pas question de bouleverser le planning millimétré d'Âbha, la journée va être bien remplie.

– On est parties !

Après deux heures passées dans les embouteillages monstrueux de Manille et plusieurs passages de barrières de sécurité, nous voilà arrivées à bon port. Le lieu de la réception est gigantesque. C'est un centre de congrès où se tiennent habituellement des concerts, comme ceux des Black Eyed Peas, de Coldplay ou de Justin Bieber : il se trouve sur la baie de Manille, au bord du Pacifique. Je n'avais pas réalisé que Manille était une ville côtière ! Mais c'est tellement pollué et sale qu'il est très déconseillé de se baigner ; de toute façon, la berge est jonchée des déchets provenant des rivières sur lesquelles se développent les bidonvilles…

Nous marchons un petit moment entre les bâtiments qui constituent ce centre gigantesque. Le show se tiendra dans le bâtiment numéro 5 qui est l'un des plus centraux et des plus vastes… Le podium sur lequel vont déambuler les mannequins est magnifique : il est décoré de paillettes dorées et de pétales blancs, des lys roses surplombent les luminaires qui tombent du plafond et des murs de lierre sont placés çà et là de chaque côté de la salle. Les buffets se dressent et de multiples petites mains s'affairent à ranger, nettoyer et agencer l'espace de réception.

Âbha nous fait visiter les lieux pour nous expliquer les points importants et les postes stratégiques à ne pas négliger.

– Ici, ce sont les loges des *guest-stars* et à côté, il y a la salle de maquillage et de coiffure des modèles. Là-bas, c'est la cuisine des employés, où vont être préparés nos repas de ce soir, avant le show. De l'autre côté, on a la salle des accessoires. C'est comme une salle de déguisement de théâtre, c'est génial !

Âbha nous ouvre ensuite la porte d'une pièce, le dressing :

– Interdiction formelle d'y entrer avec ne serait-ce qu'une bouteille d'eau ! S'il y a une goutte de quoi que ce soit qui tombe sur la soie ou le satin, ces robes iront à la poubelle !

Puis elle nous fait découvrir les portants des vêtements qu'elle va présenter ce soir. Les robes sont toutes plus incroyables les unes que les autres : des longues, des courtes, des pailletées, des princières, des multicolores, des chics, des sobres, des fluides, des strictes…

Debjani et moi accueillerons les modèles et serons à leur service durant la journée. Pendant le défilé, nous serons en coulisses pour aider aux préparations et à l'habillage.

Les premiers mannequins arrivent, je me précipite pour les accueillir et les accompagner vers les loges.

– Bonjour, mesdemoiselles, je suis Jade et je vais m'occuper de vous toute la journée. La répétition générale est à 14 h 30. Pouvez-vous me donner vos noms ?

Les deux jeunes filles devant moi se présentent. Elles sont d'une rare beauté : chevelure brune abondante, yeux étonnamment clairs et allure distinguée.

– Elles sont hyper-connues ici, me glisse discrètement Debjani.

Il s'agit en effet de deux modèles philippines dont les visages sont omniprésents sur les panneaux publicitaires gigantesques de Manille. Mais la *guest-star* ce soir, ce sera la divine Aishwarya Rai, ex-Miss Inde, mondialement admirée. Personne ne l'attend puisqu'il s'agit d'une surprise. Âbha nous a confié le secret de sa venue à condition que nous restions muettes jusqu'au lever de rideau. Elles sont amies depuis longtemps et Aishwarya n'aime pas l'excitation médiatique qui entoure souvent sa venue. Elle ne répétera même pas avec les autres, afin de garder le secret jusqu'à la fin et de ne pas leur voler leur instant de gloire à elles.

J'emmène mes protégées dans l'espace qui leur est alloué et leur propose un rafraîchissement. Puis je retourne à l'accueil car d'autres modèles arrivent. La journée défile aussi rapidement que les mannequins sur le podium, je ne vois pas le temps passer. Tout le monde est bien là et Aishwarya Rai a semble-t-il été discrètement accueillie par Âbha en personne. Personne ne l'a encore croisée : la surprise sera totale.

Vingt heures : tout est prêt pour le show !

– Maman, papa ! Je suis là !

– Bonjour, ma chérie. Alors, cette journée ? Dis donc, c'est extraordinaire ici !

Arrivés un peu en avance, ils ont l'air ébahis. Ils aperçoivent Âbha au loin et vont vers elle pour la féliciter et la remercier de les avoir invités, puis ils s'installent tranquillement dans un coin pour ne pas déranger la fin des préparatifs. Je les vois qui m'observent en souriant. Je me sens si fière d'un coup !

Les invités sont de plus en plus nombreux à se présenter aux portes. La soirée va bientôt commencer, l'excitation devient palpable : le DJ augmente le son, les lumières se tamisent, les gens s'installent. Du vin et des sodas sont offerts à chacun des invités en attendant le show, et les petits-fours valsent au bout des bras des serveurs.

Un « oh » d'émerveillement s'élève du public. La lumière d'un spot éclate sur le podium et fait scintiller de mille feux les paillettes. Le rythme accéléré d'une musique orientale accompagne les premières entrées.

Des mannequins toutes plus belles les unes que les autres défilent par thème : d'abord en robe du soir, puis en robe de cocktail. Elles se croisent, et quittent la scène sous les yeux admiratifs des spectateurs. La collection remporte un vif succès.

C'est alors qu'un cortège de danseuses vêtues de saris pénètre gracieusement sur le podium, précédant l'entrée majestueuse d'une reine de beauté : Aishwarya Rai défile. Sur son passage, balayées par les pans de soie de la longue robe pourpre qu'elle sublime, les paillettes s'envolent de l'estrade et retombent en pluie sur les spectateurs. C'est féerique.

Je retrouve Debjani, cachée derrière un rideau, elle a les larmes aux yeux et un sourire ému.

– Tu as de quoi être fière, Debj…

– Oui. Je le suis !

Le spectacle continue : c'est maintenant l'heure pour Âbha de monter sur scène. Sous des tonnerres d'applaudissements elle rejoint tous les mannequins, qui forment pour elle une haie d'honneur. C'est incontestablement elle la reine de la soirée, et c'est sous une pluie de roses blanches lancées par le public qu'elle foule le podium, habillée de sa plus belle création : une robe bustier galbée en dentelle blanche, s'arrêtant sous le genou, et dont l'éclatante blancheur ressort sur son teint pain d'épices. Elle est époustouflante !

Le régisseur lui tend un micro pour son discours de clôture. Il y a tellement de cris et d'exclamations dans la salle qu'Âbha a du mal à commencer. Elle est émue, et c'est avec un tremblement dans la voix qu'elle finit par se lancer :

– Mes amis… merci !

Les applaudissements retentissent de plus belle.

– Je suis la plus heureuse des femmes ce soir. Je suis fière de vous avoir présenté cette nouvelle ligne de robes, fruit d'un travail de longue haleine avec mes équipes et mes partenaires : il a fallu des heures de dessins, des kilomètres de papier, des centaines d'aiguilles, des litres de café, et, de mon côté, tout l'amour de ma fille Debjani que je voudrais particulièrement remercier ce soir. Elle est quelque part dans les coulisses, j'espère qu'elle entendra ce que je veux lui dire.

Et Âbha s'adresse à sa fille, sans la regarder, droite, concentrée, lui parlant comme si elles étaient seules.

– Ma chérie, je sais que ta vie n'a pas été facile tous les jours et qu'être mon enfant t'a demandé beaucoup de sacrifices. Je veux te dire que sans toi rien ne me serait possible. Tu es ma première raison de vivre. Ta fraîcheur, ton amour et ta grâce sont mes inspirations. Merci de m'avoir rejoint à Manille.

Je me retourne vers Debjani, qui a le regard embué.

– Ma fille, viens à côté de moi s'il te plaît !

Debjani hésite, me regarde, me prend par la main et m'attire avec elle sous les projecteurs :

– Viens avec moi !

– De… que… quoi… ?

Et nous voici toutes les deux sur le podium, applaudies telles des stars. Âbha embrasse sa fille, puis fait de même avec moi :

– Je vous présente ma fille Debjani, mon trésor, et son amie, la jolie Jade que je remercie pour son amitié et son aide dans la préparation de cette soirée ! Les filles, je vous souhaite d'être des amies aussi fidèles que nous le sommes Aishwarya et moi ! Applaudissez-les, s'il vous plaît ! Et applaudissez mon amie, Aishwarya !

Aishwarya se joint à nous sur la scène. Elle se place à côté de moi et me prend par les épaules : je vis un rêve éveillé. Je ne vois presque rien mais je sais que papa et maman sont en train de me bombarder de leur appareil photo. Ça va me faire un de ces clichés pour Facebook, ça !

Âbha enchaîne sur des remerciements plus officiels : elle remercie tous les top-modèles, ses amis, ses équipes de création, ses designers, ses couturières, ses régisseurs... Puis elle termine :

– Et maintenant, *party-party* ! Place à la danse !

On entend des bouchons de champagne sauter, c'est l'heure de la fiesta !

De l'enfer au paradis, j'ai fait le grand saut ! Hier, je me faisais agresser près d'un bidonville et ce soir, je suis sur le podium d'un défilé de mode, aux côtés des plus grands top-modèles du pays. Comme quoi tout arrive, même le meilleur juste après le pire !

J'ai une vie de folie en fait... Il va falloir que je raconte tout ça à Amélie et à Mouna, mais en attendant, le *dancefloor* m'attend !

Avoir tout, n'avoir rien

Dimanche 8 décembre, touchée au cœur

C'est le chant des oiseaux qui me réveille ce matin : j'adore ! C'est assez rare ici vu la pollution qui étouffe Manille. J'ai la tête encore pleine de paillettes, mais je suis triste que tout soit déjà terminé. Pas de cours aujourd'hui, c'est dimanche, heureusement car je suis bien fatiguée. Je vais pouvoir écrire à la France et traîner sur Internet.

Je me lève et vais me chercher un plateau de petit déjeuner pour le déguster devant l'ordi, en pyjama. Je vais commencer par faire un tour sur le blog de Gag' car ma participation à une association qui s'occupe des enfants des rues approche, et je commence à avoir des craintes. Je me demande encore comment font ces prêtres et ces volontaires qui vivent avec les pauvres… Des gens comme moi, qui viennent de pays développés, riches, et qui décident de tout lâcher un temps, juste pour soutenir ceux qui ont moins de chance… Le père Alex par exemple, celui qui a créé l'un des multiples *feeding programs* de Manille, comment fait-il ? D'ailleurs, Gag' a écrit sur lui un texte poétique très émouvant, il a l'air de l'admirer et de l'aimer très sincèrement… ça donne envie de le rencontrer, mais je ne suis pas sûre que ce soit ce programme-ci dont j'ai parlé à Divine :

Article datant du 6/12
Écrit par Gag'
L'ange du bidonville

Au bidonville, il y a un ange.

Il y a un ange qui squatte depuis longtemps, un ange tout blanc. Il est arrivé il y a dix ans. C'est le bon Dieu lui-même qui, à l'époque, l'a envoyé en mission. Il est venu avec pour motivation pure d'essayer de révéler la beauté profonde de ce quartier, de réveiller l'espérance des âmes dérivant sur des eaux polluées et des cœurs abîmés par trop de pauvreté...

Je crois bien que cet ange y est arrivé. Je pense même qu'il a fait un peu mieux que ce qui était espéré... Cependant, tout n'est pas terminé. Il y a, encore chaque jour, un sourire à redonner, une larme à essuyer, une personne à relever, un enfant à consoler, une bénédiction à donner, un mort à veiller, une vie à sauver... Bref, il y a chaque jour une nouvelle pierre à poser, beaucoup de murs à reconstruire, de toitures à refaire, de structures à renforcer, de ciment à faire tourner, de fondations à consolider... Pour ce qui est de l'isolation, il vaut mieux éviter...

Quand cet ange traverse les ruelles, il est alpagué, appelé, tiré, touché, embrassé, acclamé... Il est attendu comme Jésus, espéré comme Yahvé... Les sourires se fixent sur tous les visages qu'il regarde. Il redonne dignité à ceux qui pensaient l'avoir perdue. Il est très aimé par les habitants et surtout par les enfants. Ceux-ci lui courent après dès qu'il apparaît, ils se regroupent et reforment le troupeau d'antan : « Father, father, hey ! Father ! Bless me father ! Mano po father ! »

Cet ange est comme une luciole, il brille dans la nuit. Il est une lumière dans l'obscurité des ruelles labyrinthiques du squat, un petit coin paisible et réconfortant dans l'effervescence du bidonville. Il est souriant, joyeux, aimant... Véritable figure de l'amour du Christ, sa bonté offre joie et sérénité, bonhomie et confiance. Sa simplicité et sa disponibilité déconcertante sont, pour beaucoup, un cadeau du ciel. Sa gentillesse transmet la certitude de la miséricorde infinie et la foi en un avenir meilleur. Enfin, sa joie riante est contagieuse !

Cet ange est pourtant un simple être humain... Il est père de la communauté des Fils de la Charité. Il vit avec une humilité extraordinaire, au sein du bidonville.

Je passe mon temps de mission auprès de ce père. Father Alex, merci de me recevoir si bien, si gentiment et si généreusement au sein de votre maison. Vous êtes le père instigateur et le chef d'un magnifique chantier ! Je tenterai, au mieux de mes capacités, d'y être un conducteur de travaux joyeux, simple et efficace...

Gag'

Ce père Alex a l'air génial. C'est maman qui serait contente de le rencontrer, elle qui aime tant les anges ! Ça me motive pour m'investir dans une association, on en parle de plus en plus avec Debjani.

J'ai l'impression que le père Alex a une capacité d'aimer spéciale : il aime particulièrement les pauvres... Selon Gag', il rend heureux les gens du bidonville simplement en leur souriant, en étant parmi eux, en les aimant... ça me laisse perplexe. Comment peut-on vivre sans rien, dormir par terre, manger si peu... Comment ces gens se lavent-ils ? L'eau est sale, tout est humide, sombre, il y a des rats partout apparemment… Et Gag' et le père Alex, comment font-ils, eux ? Ils ne sont pas habitués… Et comment peuvent-ils être bien alors qu'ils voient des choses si douloureuses ? Est-ce possible de garder le sourire quand on assiste à la mort d'enfants, de vieilles personnes, à la souffrance de tant de gens ? Et puis finalement, n'auraient-ils pas mieux fait de donner le montant de leur billet d'avion à ces gens, plutôt que de venir habiter avec eux ? Quand je pense qu'un billet pour Manille c'est presque mille euros, ça en ferait de l'aide ! C'est d'argent dont ces gens ont besoin, pas d'un sourire ! Comment peut-on être heureux et joyeux quand on vit de rien, surtout dans un bidonville…

Maria entre dans ma chambre avec un jus d'orange pressée :

– Maria, tu vis dans un bidonville, toi, tu peux me dire comment c'est vraiment ?

– Ah, ma'am Jade… Voilà bonne question, mais difficile…

– Oui… je m'en doute mais je me pose plein de questions…

– Un bidonville c'est enfer, mais c'est aussi êtres humains qui habitent. Donc c'est comme partout, il y a bon et il y a mauvais… Il y a amour et il y a haine… Mais nous avoir rien alors rien à voler non plus… mais pour survivre il faut aimer, sinon c'est la fin et la mort…

– Il y a une expression en France qui dit que, quand on a tout perdu, « il ne reste que les yeux pour pleurer ».

– Oui, nous ici dire : « Il nous reste que le cœur pour aimer ! »

J'ai honte d'un coup…

– Merci, Maria… Désolée si j'ai été indiscrète…

– Nan, ma'am Jade, vous avoir bon cœur et chercher vérité, ça être bien ! Vous vouloir comprendre et ça être début bonheur !

Maria redescend et me laisse à mes pensées. Je décide de continuer à lire quelques articles de Gag' sur sa vie dans la communauté du bidonville et je ne peux retenir mes larmes à la lecture d'un ancien texte particulièrement triste :

Article datant du 26/7
Écrit par Gag'
Donna, l'ange de la rivière sale

Mais où est passée mamie Donna ? Cela fait plusieurs heures que sa famille la cherche, que ses enfants arpentent les ruelles du squat à sa recherche. Tous commencent à s'inquiéter de la soudaine disparition de la grand-mère, âgée de 72 ans déjà et malade de la tuberculose.

La famille de mamie Donna se compose de moult membres : six enfants à l'origine, qui ont maintenant leur propre famille… Le mari de Donna est mort il y a déjà longtemps… Ils vivent dans une extrême pauvreté et habitent tous ensemble une cabane de seize mètres carrés, perchée, bon gré mal gré, au-dessus de la rivière – rivière polluée et puante qui est un égout sans fond, sombre repère de rats, de déchets, de crasse et d'infections.

Roxanna, une des petites-filles de mamie Donna, est une filleule d'Enfants du Mékong, elle fait partie de l'un des groupes de jeunes filles en « grande détresse » psychologique ou familiale que je suis chargé de suivre. Roxanna est extrêmement timide, c'en est presque maladif, mais elle est douce, gentille et travailleuse. On lui pardonne bien volontiers ses longs silences et ses yeux constamment baissés quand on sait d'où elle vient et ce qu'elle vit au quotidien.

Lors de ma dernière visite chez Roxanna, je m'étais alarmé du danger que représentait cette maison en suspension, dont l'accès par une échelle de fortune se faisait après avoir joué les funambules sur une étroite et branlante planche de bois, longue de deux ou trois mètres, négligemment posée en travers de la rivière à deux mètres de hauteur... Une certaine gymnastique permettait alors d'ouvrir la porte grinçante donnant sur l'« espace familial ». Il fallait ensuite mettre un premier pied sur l'échelle, refermer la porte pendant que le suivant se tenait sur le côté, agrippé au mur pour ne pas tomber, puis il fallait la rouvrir pour l'y faire pénétrer... Imaginez mamie Donna là-dessus ! Bref, une situation révoltante, dramatiquement dangereuse, mais malheureusement immuable car non prioritaire, passant après les premiers besoins : manger, dormir... survivre.

Survivre... Droit ou devoir ? Peu importe, c'est une lutte du quotidien pour la plupart des gens ici.

Mamie Donna, elle, n'y a pas survécu. Ce n'est pas sa tuberculose qui l'a emportée, c'est la rivière... Roxanna y est tombée, Donna n'a pas hésité à descendre pour sauver sa petite-fille.

Cette charmante grand-mère, dont je me rappelle la vivacité, la douceur et l'œil pétillant, n'a pas survécu à cet accident. Personne ne sait véritablement ce qu'il s'est passé, personne n'est à blâmer non plus... Ou alors peut-être le sommes-nous tous car nous n'avons pas réagi quand il en était encore temps... Peut-être aurions-nous pu fixer cette planche quand nous avons repéré le danger... Cela aurait-il été suffisant pour garantir qu'une telle horreur ne se produise, dans cet environnement si hostile ?

Donna était une grand-mère particulière qu'il me sera difficile d'oublier, c'est sûr. Il n'en est pas question de toute façon.

Ainsi, non sans une certaine appréhension, je suis allé veiller le corps de mamie Donna pour soutenir, comme je le pouvais, Roxanna et sa famille. Comme l'établit la coutume philippine, tous les proches jouaient aux cartes autour du corps et s'entretenaient « joyeusement » dans une atmosphère, vraisemblablement sincère, de ferveur et de quiétude. La relation à la mort est ici très différente de la nôtre : elle semble plus paisible, mieux acceptée, peut-être parce qu'elle est habituelle, et c'est assez perturbant. Sa fille me dit toute sa peine et son désarroi mais conclut, souriante et soucieuse de ma propre sensibilité, en m'assurant de la présence d'un nouvel ange sur son épaule... Et puis elle ajoute : « Elle ne souffre plus de sa maladie au moins... »

Certes... Si tout cela est vrai, l'ange sur l'épaule de la maman de Roxanna doit être vraiment magnifique. Que Dieu vous garde, chère Donna, et que vous reposiez maintenant en paix.

Gag'

Pour les Philippins, la mort fait partie de la vie, c'est un fait, ici plus qu'ailleurs. Ce qui me surprend dans cette tragédie, c'est la réaction de la famille qui, triste évidemment, continue de sourire et de croire... Elle ne semble même pas en colère... Ça me rappelle les propos de Debjani, « transformer les événements négatifs en positif ». Je ne peux plus attendre en fait, je veux plus que jamais rencontrer ces gens, les aider et les soutenir… Je veux qu'ils m'apprennent à aimer et à garder le sourire tout le temps !

Je laisse cette fois un commentaire sous l'article :

Bonjour, Gag', je suis aux Philippines cette année et je lis ton blog. Merci pour tes articles et bravo pour ton engagement… C'est très touchant.

Bon courage pour la suite.

Jade C.

Pieux mensonges

Jeudi 12 décembre, actes et conséquences

– Non, non et non ! N'insiste pas, c'est non.

– Mais papa, pourquoi ?

– C'est non, je ne veux pas !

– Mais papa !

– Jade, cela suffit !

– Alors je peux aller à des défilés superluxe, mais laver des enfants des rues pour aider un peu ce pays, je n'ai pas le droit ? Pour un docteur sans frontières, bravo !

Je n'aurais jamais dû demander à papa l'autorisation de participer à ce *feeding program*. Je savais qu'il allait dire non. Mais je n'ose pas non plus y aller sans permission, je suis bien placée pour savoir que ce n'est pas sans danger d'approcher les bidonvilles.

– Je connais très bien ce programme et je travaille sur le quartier où il est implanté. Ce bidonville est très sensible et extrêmement dangereux, alors il est hors de question que tu y ailles !

– C'est nul ! Et pas très conforme à tes idéaux !

– Jade !

– Ben quoi ? On vit dans une prison dorée, tu gagnes de l'argent sur le dos des pauvres et on ne peut même pas les aider un peu ?

– Tu ne sais rien et tu commences à être bien insolente !

– Mais…

– C'est comme ça, tu n'as pas 18 ans, et on ne se balade pas dans les rues et encore moins dans les bidonvilles de Manille en toute insouciance. Et puis maintenant, stop ! Tu m'obéis, un point c'est tout !

S'il savait, le pauvre… Je n'ai pas attendu sa permission pour m'aventurer dans les bidonvilles. C'est vrai que ce jour-là je n'avais rien demandé, s'il apprenait notre mésaventure, seul Boong pourrait être mis en cause.

Nous n'avons d'ailleurs pas reparlé de l'agression, c'est presque tabou. Nous échangeons parfois des regards inquiets, mais c'est tout. Boong a changé d'attitude à mon égard. Je lui ai donné les six mille pesos que Debjani m'a avancés pour qu'il achète la tondeuse de Jim et que l'incident passe inaperçu, et depuis plus rien. Il rigole moins et me pose de plus en plus de questions sur papa, sur son travail : il a l'air de le craindre chaque jour davantage. En plus, papa est de plus en plus irascible ces derniers temps… Il est toujours en train de soupirer, de s'agacer, et ce pauvre Boong doit subir ses sautes d'humeur ! Papa est déjà naturellement assez impressionnant, je comprends qu'il fiche la frousse ! L'autre jour, j'ai surpris Boong l'oreille collée à la porte du bureau… Il attendait que papa ait terminé de parler pour lui dire quelque chose, il n'osait pas frapper et l'interrompre. Quand il m'a vue, il a sursauté. C'est moi qui ai dû lui ouvrir la porte. Papa devrait faire des efforts avec ses employés !

Enfin, sauf avec Jim, qui s'est encore permis de questionner Boong en tagalog de façon assez virulente. Il a de la chance que je ne comprenne toujours pas bien cette langue, sinon je m'en serais mêlée !

En attendant, même si je peux comprendre que papa soit prudent, il est hors de question que j'annule ma participation au *feeding program*, s'il y a des volontaires c'est que ce n'est pas si dangereux ! En plus, je me suis engagée auprès de mes amis : Divine, Jun et Debjani comptent sur moi, et je suis une fille de parole. Donc je dois trouver une solution pour m'y rendre quoi qu'il en soit, mais en toute discrétion.

Je pourrais demander de l'aide à Boong. Il accepterait peut-être de me déposer, si ce n'est pas trop près du bidonville. Je décide d'aller me confier à lui et de lui avouer mon projet de participer au *feeding program*. Son regard s'anime d'une lueur particulière quand je lui explique que je vais avoir besoin de lui parfois pour m'emmener au bidonville de Nyia. Il a l'air touché par mon désir d'aider les plus démunis :

– Oui, ma'am ! Bien sûr je t'aide ! C'est très bon vouloir aider enfants à nous ! Je connais bien Nyia, j'ai famille là-bas !

– Tu as de la famille dans le bidonville de Nyia ?

– Euh… oui… mais pas voir souvent, pas très bien connaître en fait…

Boong est rouge écarlate, comme s'il avait dit une bêtise. Il a honte, je crois. Qu'est-ce que ça peut me faire qu'il ait de la famille ou pas là-bas, je ne vais pas le juger simplement parce qu'il a de la famille dans ce taudis.

– OK, merci, Boong, c'est gentil d'accepter de m'aider.

– OK, OK, ma'am. Mais surtout rien dire à papa, hein !

– Bien sûr que non, c'est pour ça que je te demande ton aide.

En attendant, il faut justement que je retourne auprès de papa.

– Est-ce qu'au moins je peux aller dormir chez Debjani vendredi soir ?

– Mais oui enfin, Jade ! Je ne t'ai jamais privée de sorties ! Simplement je ne veux pas que tu prennes des risques dans un pays où tu n'as pas conscience des dangers. Je te fais confiance, là n'est pas la question.

Il me prend vraiment pour un bébé.

– OK. Merci !

En moins de temps qu'il ne faut pour le dire, j'appelle Debjani pour lui demander si je peux venir dormir chez elle. Je ne lui détaille pas la situation et n'évoque pas mon pieux mensonge : je ne suis pas certaine que l'idée d'agir en cachette lui plaise. Boong me déposera chez elle vendredi soir, il me raccompagnera samedi dans l'après-midi. Entre-temps, nous participerons comme prévu au *feeding program* à Quezon City : une entourloupe bien ficelée !

– Jade !

Thomas m'appelle du jardin :

– Oui ?

– Tu viens te baigner avec moi avant le dîner, on se fait une *fraternade* comme quand on était petits chez Mouna et Bon Pap' ?

C'est une bonne idée, ça ! Je ne vois pas beaucoup mon petit frère ces derniers temps. Entre les cours, les sorties, nos centres d'intérêt différents, j'ai l'impression de n'avoir pas partagé un seul moment avec Thomas depuis des lustres. Je réalise avec étonnement qu'il m'a manqué !

Et puis je vais pouvoir étrenner mon nouveau maillot de bain Banana Sun !

– J'arrive, frérot !

Je monte me changer, redescends aussi sec et saute dans la piscine avec la lourdeur d'une baleine : je viens de faire la bombe du siècle et j'ai presque vidé la piscine !

– Ah, pas mal celle-là, Jade !

– Viens là que je te coule !

Nous passons plus d'une heure à chahuter dans l'eau. Je ne ressens étrangement aucun agacement envers Thomas. C'est nouveau ! Il a grandi... ou c'est peut-être moi qui ai changé ?

– Mes chéris ! À table !

– On arrive !

– Venez vite, Maria-Mae nous a encore préparé un bon repas philippin !

Ce soir, c'est dîner familial. Cela fait longtemps que nous ne nous sommes pas retrouvés tous ensemble. Papa rentre souvent tard et nous ne l'attendons pas toujours pour dîner. Si je n'avais pas décidé de lui mentir, je lui aurais fait la tête toute la soirée, mais là je vais faire un effort pour que le repas soit agréable.

Nous nous installons sur la terrasse, dans les fauteuils moelleux que maman vient d'acheter au Mall of Asia [1] : très confortables ! Papa allume les lanternes du jardin et maman installe quelques bougies sur la table basse. On ne serait pas en famille, je trouverais ça presque romantique ! Nous tentons de téléphoner à Mouna et Bon Pap' pour les embrasser et leur donner quelques nouvelles, mais nous tombons sur leur répondeur. Nous leur laissons un long message chaleureux, puis nous attaquons le repas.

Dans cette ambiance un peu nostalgique, je me mets à penser à Riton avec un pincement au cœur : ses messages

1. Troisième plus grand centre commercial d'Asie.

se font de plus en plus rares et froids. Rien de méchant, mais je serais n'importe quelle fille de sa bande que ce serait pareil. L'autre jour, il était connecté sur Facebook et ne m'a même pas répondu alors qu'il venait de changer son statut…

Mais stop, je chasse toutes ces pensées négatives et me concentre sur le moment présent :

– Mmm ! Ça sent bon le caramel et les frites !

Les odeurs exotiques nous mettent en appétit. Papa décide d'ouvrir une bonne bouteille d'un vin français pour accompagner tout ça. Même Thomas a le droit, exceptionnellement, d'en goûter une gorgée.

Comme d'habitude, maman ne peut s'empêcher de faire un petit discours plein d'émotion :

– Mes chéris, remercions Dieu pour cette soirée. Nous sommes des enfants gâtés, rendons grâce des cadeaux que la vie nous fait, sachons les reconnaître et les apprécier. Sachons aussi regarder le bon côté des choses quoi qu'il advienne, pour attirer Dieu toujours plus à nous. Mes amours, que le meilleur soit ! Trinquons à la vie, à l'amour !

Gooooong ! Gooooong ! Quand maman se lance dans ce genre de considérations un peu mystiques, nous imitons tous en chœur le bruit d'un gong tibétain pour en rajouter dans l'ambiance méditative. Et ça ne rate jamais : fou rire assuré ! Maman hésite entre son envie de rire et celle de se vexer, mais elle termine hilare comme nous.

C'est le moment que choisit Maria-Mae pour entrer avec deux énormes plateaux portés à bout de bras :

– *Kain*[1] *!*

---

1. « Le repas est servi ! »

Au menu, tilapia [1] à la mangue, frites de patates douces et légumes sautés au caramel.

– Alors, mes enfants, prêts pour les vacances de Noël au soleil ?

– Oui, papa ! On part quand exactement ?

– Notre avion décolle dimanche 23 décembre dans l'après-midi et nous aurons trois ou quatre heures de trajet. Je ne vous dis rien de plus, le reste sera une surprise !

– Ouais ! Ça va être génial !

– Au fait, ma Jadounette, c'est quand ta compétition de gym déjà ? Ça se passe bien, tes entraînements avec Divine ?

J'avais oublié ! Avec le bac blanc, le week-end du défilé et autres occupations de ces dernières semaines, je n'ai pas été très assidue aux cours de gymnastique.

– Oui, ça va ! Divine est super forte et ça m'aide à progresser, mais la compétition va être dure. C'est le troisième week-end de mars, je crois.

Notre soirée familiale se termine dans la bonne humeur, à la lueur des bougies. Qu'est-ce que je l'aime, ma famille !

Je vais chercher de l'eau dans la cuisine et en profite pour remercier Maria pour son dîner en la prenant dans mes bras. Je lui demande quand nous pourrons continuer les leçons de tagalog entamées quelques semaines auparavant :

– Après vacances à vous, ma'am Jade, on recommence, OK !

– OK, Maria ! *Galing* [2] !

---

1. Le tilapia est un poisson implanté au Vietnam dans les rizières inondées pour lutter contre le paludisme.

2. « Super ! »

Je retourne dehors. Nous trinquons une dernière fois à notre famille, puis décidons de tous plonger dans la piscine avant d'aller dormir. Je vois bien que les parents en sont heureux. Tout est si calme et paisible aujourd'hui que je me demande si cela n'annonce pas une tempête…

Si maman m'entendait penser, elle me remonterait les bretelles !

Je monte ensuite dans ma chambre et décide de m'accorder une pause Facebook avant de me coucher. Je vais poster quelques photos de ma vie ici, voir si les gens réagissent et combien de Like je peux récolter. La France me paraît loin, et je n'ai pas assez de nouvelles de mes amis à mon goût.

Mon cœur se serre. Je n'ai eu aucun e-mail de Riton depuis la dernière fois. Seulement un petit mot sur Facebook qui me disait : « Bisous de France, Jade ! »

Ça me rend vraiment triste que les relations résistent si peu à la distance…

Pouloup ! La messagerie de mon Facebook s'ouvre. C'est Amélie !

– Coucou !

– Trop bien, mon Améloche !!!

– Comment ça va, ma poulette ?

– Bien et toi ? Quoi de neuf à Paris ?

– Eh ben moi, ça va ! Tu me manques trop, j'ai l'impression que tu es partie depuis si longtemps ! Raconte alors, Manille, les cours… Les gens sont sympas ? Les garçons sont beaux ?

– Hé, tu ne changes pas, toi !

Je pianote près d'une heure avec Amélie. Que c'est bien d'avoir une amie fidèle ! Que ce soit à l'autre bout du monde ou à l'autre bout de la France, je n'ai jamais perdu le contact avec elle.

Je prends des nouvelles de tout le monde, de l'école, et bien sûr je termine en demandant comment se porte Henri.

– Euh… ça va ! Il va bien même ! Il vit sa vie, tu le connais… Tu ne vas pas me faire croire que tu penses encore à lui ?

– Ben si… Enfin, un peu…

Je suis très étonnée de la réaction fuyante d'Amélie. Comme si…

– Amélie ? Tu me caches quelque chose ?

– Non ! Pas du tout ! Bon, ma cocotte, je dois y aller vite, on se reparle bientôt ! Gros bisous !

– Attends…

J'ai à peine le temps de répondre qu'elle s'est déjà déconnectée. Je l'ai un peu mauvaise, j'ai comme l'impression qu'il y a un truc pas net de l'autre côté de cette planète. Et voilà je déprime, c'est reparti ! Oh ! là, là ! Vite dans mon lit, il ne faut pas penser ! Mais c'est raté. Que se passe-t-il ? Que me cache Amélie ? Riton m'a-t-il oubliée ? Que sait Amélie ?

Je n'y tiens plus, j'ai besoin de parler. Sans réfléchir, j'appelle Debjani.

– Jade, c'est toi ? Ça va ? Rien de grave, j'espère !

Je raconte à Debjani mon angoisse : je n'ai pas de nouvelles d'Henri, non il ne m'a pas écrit, oui c'est bizarre, non je ne suis pas sûre d'être amoureuse de lui, c'est juste que ça me blesse de voir que je tiens plus à lui qu'il ne tient à moi.

– Jade, c'est normal que tu ressentes ça. Tu te sens trahie parce que tu es très attachée à Henri, c'est la personne dont tu m'as le plus parlé jusqu'ici. Mais il ne se rend peut-être pas compte à quel point il te blesse en te donnant si peu de nouvelles. Il est dans son élément, bien tranquille à Paris… ça ne veut pas dire qu'il t'oublie, c'est peut-être juste son caractère, il ne voit pas le temps passer ! En attendant, toi, tu t'es fait plein de nouveaux amis ici, alors profite ! « Jade-Jad'or » !

C'est vrai que j'ai la chance d'avoir Divine et Jun, et surtout Debjani…

– Tu as raison, vous êtes des amis incroyables ! Merci beaucoup, Debj. On en reparlera lundi ou mercredi, *in english !*

Je raccroche, réconfortée par les paroles de mon amie.

Je m'apprête à me mettre au lit quand j'entends des bruits étranges venant du jardin. Un chuintement, un bruissement… des pas, des voix, et puis un bruit sourd. La fenêtre de ma chambre donne sur la rue… J'ai subitement une sensation de malaise. J'hésite à me terrer au fond de mon lit, avant de finalement prendre mon courage à deux mains. Je m'approche discrètement de la fenêtre et j'écarte lentement le rideau, il me semble que j'entends de nouveau des chuchotements… Je n'ose pas trop regarder. Si c'était des voleurs ? Ou alors c'est ce vieux Jim qui traficote encore quelque chose ? Il est très bizarre, ce type…

La curiosité l'emporte, je m'accroupis et avance mon visage près de la vitre : un vent fort souffle dans les cocotiers du jardin, je distingue deux ombres humaines qui se tiennent, immobiles, sur le trottoir. Je n'arrive pas à reconnaître les silhouettes et les deux personnes discutent trop bas pour que je puisse comprendre quoi que ce soit. Que mijotent ces personnes devant chez nous ? Qui sont-elles ? Je regarde plus fixement quand je vois l'un des deux personnages tendre un paquet à l'autre. Ils trafiquent quelque chose ?! Si seulement je pouvais voir leurs visages ! Mais, c'est…

L'une des deux silhouettes n'est autre que Boong ! Ouf ! L'air de rien, je commençais à avoir peur. Je replonge dans mon lit, rassurée, et m'apprête à m'endormir. Enfin quand même… Que fait Boong devant chez nous avec un inconnu ? Je retourne près de la fenêtre pour écouter ce qui se trame et tenter de comprendre. Boong et son mystérieux interlocuteur parlent en tagalog et en anglais. Je crois discerner quelques mots, que je note rapidement sur mon portable, ça pourrait être utile.

Les enfants du trottoir

Samedi 14 décembre, feeding program

Tililit tililit tililit...

Je me réveille doucement chez Debjani. Aujourd'hui, c'est le *feeding program*. Je n'ai donc rien dit aux parents et ça sent l'aventure ! Boong m'a déposée hier soir. Je ne lui ai pas demandé d'explications concernant la scène de l'autre nuit : il est trop précieux pour mes projets secrets.

– Allez debout, Debj ! Il est 7 heures et on décolle dans quarante minutes !

– Ton chauffeur arrive quand ?

– Je lui envoie un texto maintenant, il sera là à temps. J'espère juste que papa n'aura pas besoin de lui ce matin...

Boong me répond qu'il dépose maman aux courses et qu'il sera là ensuite, d'ici quarante-cinq minutes. Impeccable !

Après une douche rapide, j'enfile un short, un vieux tee-shirt et des baskets. Debjani fait de même, je ne suis pas habituée à la voir habillée si simplement, mais elle n'en est pas moins belle...

Âbha n'est pas là aujourd'hui et c'est tant mieux, comme ça nous n'avons pas à lui cacher notre programme. J'ai fini par avouer mon mensonge à Debjani, qui a accepté de rester discrète auprès de mes parents, tout en faisant quand même une petite moue désapprobatrice… Je me sens mal de l'obliger à me suivre dans mon mensonge, mais je me dis que le jeu en vaut la chandelle. Et puis papa n'a qu'à ne pas être aussi protecteur, je ne suis plus un bébé quand même !

Mon portable vibre, un texto :

> Salut, je dois accompagner ma sœur à l'aéroport, pourrai pas venir au feeding. Jun vient avec moi. Désolée. On se voit dimanche aprèm à la gym ! Bise. Divine.

Heureusement que Debjani est là, sinon je me serais retrouvée toute seule, merci les amis ! Je commence à trouver leur petit jeu louche à ces deux-là… Je réponds à Divine assez sèchement.

Je raconte rapidement l'histoire à Debjani, mais elle, toujours gentille, me conseille de ne pas m'énerver pour ça… Elle a raison, c'est inutile.

Boong arrive, et nous nous mettons en route pour Quezon City. Il nous faut plus d'une heure pour rejoindre le quartier du centre d'accueil. Boong est nerveux, je le comprends, il agit dans le dos de mes parents, ses employeurs. Il nous dépose à quelques centaines de mètres du bidonville pour éviter que nous ne nous fassions remarquer, et nous finissons le trajet à pied. Il viendra nous rechercher à la fin de la journée. En sortant du 4 × 4, il me demande le planning précis de notre journée et me conseille d'aller marcher vers la Samonte Road si j'en ai le temps, car il y a beaucoup d'enfants pauvres là-bas…

– On verra si on peut, Boong, c'est promis !

– Oui, oui, vous essayez, hein !

À peine sorties de la voiture, nous voilà apostrophées par plein de Philippins qui nous regardent passer :

– *Hey, ma'am ! Come here, ma'am ! Very beautiful, ma'am ! Are you Miss Universe ?*

Les hommes du quartier nous complimentent, essaient de nous inviter chez eux. Je ne suis pas du tout à l'aise et Debjani non plus, même si c'est flatteur de se faire admirer de tous les côtés !

Nous arrivons maintenant devant une grande grille en fer et deux jeunes filles en uniforme nous ouvrent. À l'intérieur sont déjà dressées de grandes tables en bois, sur lesquelles un nombre impressionnant de couverts est déjà mis.

– Bonjour ! Vous êtes volontaires ?

Un grand homme costaud s'approche de nous bras ouverts avec un sourire éclatant. Il nous embrasse comme si nous étions ses filles.

– Oui, nous venons pour aider, pour le *feeding program*, c'est bien ici ?

– Oui ! Quelle joie d'accueillir de nouveaux visages ! Je suis le père Alex. Comment vous appelez-vous ?

– Moi, c'est Jade !

– Et moi, Debjani !

Père Alex est le créateur du programme. C'est lui ! C'est ce prêtre décrit par Gag' sur son blog ! Il a l'air si bon, je suis émue de me retrouver devant lui après avoir lu ce texte le concernant. C'est fou que la Providence m'ait permis de tomber justement sur ce programme-là alors qu'il y en a tant d'autres ! Du coup, Gag' est peut-être là ?

– Bienvenue à vous et merci de votre présence ! La Jeep va partir dans cinq minutes et il nous manque justement deux bénévoles pour aller chercher les enfants sur la route de Nyia Road. Vous êtes partantes ?

– Bien sûr ! répondons-nous en chœur.

Je suis heureuse d'être là.

– Père Alex, on a pris un appareil photo, on peut l'utiliser ?

– Aucun problème, et c'est gentil de demander. Vous verrez, ils adorent tous les photos ici ! Mais faites attention aux petits chenapans qui pourraient subtiliser votre appareil ! C'est un trésor pour eux…

Avant que nous embarquions dans une sorte de tank, père Alex nous explique les règles à respecter lorsque l'on s'aventure dans ces endroits de grande pauvreté : ne jamais s'éloigner du reste des volontaires, ne pas partir explorer des coins isolés des bidonvilles et surtout n'emmener que des enfants.

Il nous présente ensuite les membres à plein-temps du programme et nous décrit les activités de la matinée. Puis vient le moment de la prière avant le départ, pour bénir tous ceux qui vont aller et venir aujourd'hui, enfants, plus grands, volontaires ou missionnaires… Un *Notre Père* en tagalog suivi de deux chants philippins enjoués et dansants, accompagnés par une guitare et une batterie… C'est loin d'être triste ici !

– En route !

La camionnette va partir. À son bord, Juan, le conducteur qui travaille au *feeding program* depuis sa création. Jasmine, une bénévole philippine, et Marco, un volontaire espagnol de 26 ans, en mission humanitaire à Manille pour un an. Beau comme un Espagnol, soit dit en passant !

Nous nous présentons les uns aux autres et je crois que le charme de Debjani ne laisse pas Marco indifférent, car il ne cesse de lui lancer des regards furtifs. Nous nous entassons à cinq devant, l'arrière du véhicule devant rester libre de manière à y faire grimper un maximum d'enfants. Jasmine est assise sur les genoux de Marco et moi sur ceux de Debj… C'est folklo !

Nous roulons pendant vingt minutes, durant lesquelles les bavardages vont bon train. Seule Debjani ne dit pas grand-chose. Elle regarde par la vitre et a l'air très émue. Je discute avec Jasmine qui me raconte à quel point elle est heureuse de venir aider père Alex et son équipe tous les samedis matin. Le paysage de la ville de Quezon à Manille est terrifiant, les rues sont sales, les chiens sont décharnés, les mendiants sont partout et les bords de route annoncent l'entrée de bidonvilles sordides. Cela me rappelle les abords du quartier de Maria-Mae, et je suis prise d'une légère anxiété…

Nous arrivons finalement sur une grosse route à double sens, et je ne peux pas croire ce que je vois… Je connais déjà un peu la laideur de Manille, sa crasse et sa misère, mais là… Sur le terre-plein central sont installées des cabanes en bois et en carton, recouvertes de bâches publicitaires et dans lesquelles dorment des gens. Des familles entières vivent ici, nous explique Juan. Des enfants courent dans tous les sens, traversent la route sans faire attention, chacun y va de sa petite activité. C'est bouleversant.

Tut !

À notre approche, j'entends déjà les cris des petits qui paraissent reconnaître le son de notre Klaxon. Ils accourent vers nous, surexcités. Les plus fatigués se font même secouer par leurs aînés. C'est fou, l'énergie qui déborde ici ! Nous descendons du véhicule et c'est l'assaut. Une horde d'enfants se précipite vers nous et monte dans la camionnette, comme des habitués. Des mamans accompagnent les plus petits, il y a des bébés, des plus âgés… Tous plus excités les uns que les autres. Une trentaine de têtes brunes, de paires d'yeux éclatants, de sourires coquins quémandent mon appareil photo.

– *Ate Jasmiiiine, Ate Jasmiiine, ATE JASMIIINE ! Picture Ate, picture !*

Les enfants appellent « grande sœur » Jasmine, qu'ils connaissent très bien, pour qu'elle les prenne en photo. Elle nous présente aux enfants, qui nous font des caresses, nous sautent dessus, nous regardent comme on regarde un gâteau… Ma peau blanche n'est pas la dernière des distractions pour tous ces petits Philippins.

Ce qui me choque tout de même, c'est l'état terrifiant de leurs dents, fragilisées par la terrible malnutrition dont ils sont victimes : elles sont noires comme du charbon, rongées par la pourriture… Je repense subitement à l'article de Gag' : il décrivait parfaitement la situation.

– Doucement, doucement ! s'écrie Juan qui tente d'organiser la montée dans la camionnette, laquelle ressemble plus à une prise d'assaut qu'à un embarquement en bonne et due forme.

La camionnette chargée, les portières se referment difficilement. Debjani porte trois enfants à elle seule, ils ne veulent pas se décrocher de ses bras. Ils essaient de l'escalader, elle rigole et se laisse faire. Marco, qui n'a cessé de la suivre du regard, vient à son aide en récupérant un des gamins. Par les fenêtres du véhicule, des visages angéliques dépassent, des petits pieds aussi et des mains tendues vers l'extérieur attendent qu'on les caresse. C'est émouvant de voir ces enfants si heureux de venir avec nous. Les quelques mamans qui étaient là nous saluent amicalement d'un signe de la main et retournent vite à leurs occupations.

– C'est parti !

La camionnette démarre, en route pour le centre. L'odeur est à la limite du supportable tant les enfants sont sales. Je me bouche discrètement le nez et m'efforce de ne respirer que par la bouche pour éviter d'avoir la nausée. Debjani et Marco se sont installés à l'arrière avec les enfants, et je suis avec Juan et Jasmine à l'avant, chacune deux gamins sur les genoux.

À l'arrivée au centre, d'autres enfants venus à pied des quartiers environnants sont déjà dans les douches. Ils sont si nombreux !

Tout s'enchaîne rapidement. L'organisation du centre est bien rodée, les enfants y ont leurs habitudes. Nous les lavons ou plutôt les récurons à la chaîne, les soignons, pansons leurs plaies, les rhabillons avec des tee-shirts d'adultes auxquels nous faisons des nœuds pour les mettre à leur taille. Un gamin retient particulièrement mon attention : un petit garçon de 2 ans et demi, mignon comme tout, qui se prénomme Antoy. Il n'arrête pas de sauter sur moi, de me faire des câlins. Une complicité s'installe entre nous et je ne le quitte plus de la matinée. Au moment de le déshabiller, je remarque que la peau de son dos et de ses bras est très irritée, couverte de plaques, de croûtes et de boutons.

– Père Alex ? Regardez, qu'est-ce que c'est ?

– Ah… mince. C'est une infection de la peau. C'est très commun chez ces petits, à cause de la saleté et de l'eau croupie. Il lui faudrait un savon et une crème spéciale contre la gale, mais ça coûte trop cher, on n'en trouve que dans les pharmacies pour gens riches.

– Mais c'est horrible !

– Oui, c'est la misère d'ici.

Père Alex a dit cela d'un ton bien résigné. Va-t-il acheter cette crème ? Je n'en suis pas sûre. Le *feeding program* n'est pas un dispensaire, sa mission première est de nourrir tous ces enfants. Il n'y a ni le temps ni les moyens de les soigner. J'ai une soudaine envie de pleurer… Mais il ne faut pas que je faiblisse devant les enfants. Je me ressaisis, je vais le lui trouver, moi, son savon !

Après les bains, c'est le moment de la prière et des jeux. Une fois les petits installés dans la grande salle, répartis par tranches d'âge, l'énergie est à son comble. Tous sont surexcités. Ils chantent, dansent sur la musique dont le volume est au maximum, jouent… Avec Marco et Debjani, notre différence physique est une sacrée attraction : ils sont pendus à nos basques et ne réclament que nous. Je garde Antoy auprès de moi et décide de m'occuper de lui vraiment.

Midi et demi : le déjeuner s'achève, et c'est un capharnaüm sans nom que laissent les enfants. Ils repartent à pied ou sont reconduits dans la camionnette par le chauffeur. Je suis lessivée ! Antoy aussi s'en va. Je le cajole une dernière fois en me promettant de revenir lui apporter les soins dont il a besoin. Mon cœur se serre : que va-t-il faire de retour dans la rue, comment va-t-il survivre ?

Nous aidons à ranger et à nettoyer, puis nous sommes invités à déjeuner à notre tour avec les équipes. Je retrouve Marco et Debjani que je n'ai quasiment pas vus de la matinée. Ce repas est l'occasion pour nous d'en apprendre plus sur les conditions de vie des enfants des rues et sur les solutions à apporter aux familles en difficulté. Je suis tellement préoccupée par le cas d'Antoy que j'en oublie de demander au père Alex s'il connaît ce fameux Gag'.

Quatorze heures : il est temps de rentrer. Nous embrassons les membres de l'équipe du *feeding program* et nous remercions mutuellement.

Je regarde Debj qui dit au revoir à Marco… Elle a le feu aux joues et lui a les yeux qui pétillent !

– Il faut y aller, Debj, lui dis-je avec un sourire narquois. Boong nous attend au croisement de la rue voisine.

– Oui, oui. On y va !

Sur le chemin vers la voiture, nous marchons côte à côte et les mots ne nous viennent pas facilement.

– C'était incroyable…

– Oui…

– J'ai vu que tu semblais particulièrement émue à un moment.

– Oui… ça m'a retournée tout ça… En fait, ça m'a rappelé mon père… Quand j'étais petite, il m'a emmenée avec lui une fois, dans un bidonville au Brésil, dans des favelas… Il était en reportage pour faire un livre de portraits… Il avait pris des photos des gens, tous souriants… Son livre s'appelait *Le Sourire de la misère*… Finalement il est mort avant de pouvoir le publier, mais il m'en avait fait relier un que j'ai toujours dans ma table de nuit…

Dans la voiture, nous restons toutes les deux pensives et silencieuses. Un moment, j'hésite à lui demander si elle a apprécié le beau Marco, mais je me retiens pour ne pas rompre ce silence avec mes questions indiscrètes.

Il va maintenant falloir que je retourne chez moi comme si de rien n'était. Après tout ce que je viens de vivre, je brûle de le raconter à Thomas et aux parents… Mais je dois tenir, ce sera notre secret à Debjani et à moi.

Loin des yeux, près du cœur

Samedi 14 décembre, fin d'après-midi, bientôt les vacances

– Allô ? Mouna ?

– Jade ? Ma chérie ! Que je suis contente de t'entendre ! Comment vas-tu, mon petit trésor ? Comme tu me manques !

– Ma Mouna... Tu as reçu ma dernière lettre ? Toi aussi tu me manques beaucoup ! Je vais bien. J'avais très envie de te téléphoner pour t'entendre. Il se passe beaucoup de choses ici.

– Oui, mon cœur, j'ai reçu ta lettre hier matin ! Tes nouvelles me réchauffent l'âme chaque fois. Tu es si gentille de m'écrire régulièrement, cela m'aide à supporter votre éloignement. Alors, que racontes-tu de beau ?

– Écoute, ça va plutôt bien. Je m'habitue de plus en plus à ce pays de fous, je m'entends bien avec les gens ici, ils sont incroyables ! J'ai de bons amis et j'ai pas mal d'activités, d'ailleurs j'ai repris la gymnastique, tu sais ! Et toi ? Et Bon Pap' ?

– Eh bien, en ce moment je suis assez fatiguée... Bon Pap' s'occupe bien de moi, mais il est vrai que la vieillesse me ralentit de plus en plus... Mais ne t'inquiète pas, je suis robuste !

– Mais tu n'es pas malade ?

J'ai un pincement au cœur à l'idée que Mouna puisse être en mauvaise santé alors que nous sommes si loin.

– Non, mon trésor, je suis seulement vieille, un « vieux croûton » comme tu dis quand tu te moques ! Comment vont tes parents, et mon Toto ? Et tu vois toujours la belle Indienne… ? Elle s'appelle Dabjinou c'est ça ?

– Euh nan, pas exactement : Debjani ! C'est une fille géniale, elle me fait penser à toi quand elle m'écoute et me conseille. Sinon, la famille va bien, mais je ne peux pas te les passer car ils ne sont pas là en ce moment. Oh ma Mouna, ce que j'aimerais être près de toi !

– Bientôt, mon cœur, le temps passe vite et nous serons rapidement réunis. Continue de m'écrire et embrasse tout le monde !

– Oui ! Je t'aime, Mouna, gros bisous à Bon Pap' !

– Il t'embrasse tendrement aussi ! Gros bisous !

Ça fait du bien de parler à Mouna… Cela faisait une éternité que nous ne nous étions pas téléphoné. Même si je lui écris toutes les semaines, c'est bien mieux d'entendre sa voix.

J'ai réussi à rentrer discrètement à la maison vers 15 heures, les parents étaient heureusement partis faire des courses. Je me suis enfermée dans ma chambre et j'ai pleuré pendant une heure toutes les larmes de mon corps : la décompression totale ! Maria-Mae est entrée à ce moment-là pour ranger du linge. Elle s'est tant inquiétée de me voir dans cet état que je lui ai tout raconté… Je lui fais une confiance aveugle et je sais qu'elle ne dira rien car elle est plus proche de moi que du reste de ma famille. Mais, si elle a trouvé très généreux que je participe à ce programme avec les enfants, elle a froncé les sourcils en disant : « Prochaine fois, papa d'accord, ma'am

Jade ! » Oh ! là, là ! si papa apprend que je lui ai menti et que je suis allée dans les rues pauvres de Manille sans sa permission, je vais me faire TU-ER ! Je l'entends déjà : « JADE ! Tu vas être gravement punie ! » À la maison, on ne rigole pas avec le mensonge.

D'ailleurs, les réactions de Debjani et Maria commencent à me faire culpabiliser. Je n'aime pas mentir, ça ne m'arrive pas très souvent, ce n'est pas pour rien que mes parents me font confiance. Mais bon, là, c'est plutôt un pieux mensonge, ce n'est pas comme si j'avais fugué pour sortir le soir avec des copains pour aller fumer des cigarettes et boire des bières !

En attendant, les fêtes de Noël approchent, et avec elles le départ en vacances. Elles tombent à pic celles-là ! Nous prenons l'avion demain pour Siquijor, une île paradisiaque et mystérieuse au sud des Philippines. Papa voulait garder secrète la destination, mais il n'a pas résisté à nos questions incessantes.

J'y pense, je ne vais pas pouvoir aller à mon cours de gym ce dimanche ! Il faut que je prévienne Divine pour annuler : nous serons quittes comme ça ! Mais ce n'est pas génial de rater cet entraînement : notre première compétition est mi-mars, ça va arriver vite. Avec tout ce qui s'est passé ces dernières semaines, je ne suis pas du tout prête à concourir dans trois mois…

De : **jadeCourtalys@hotmail.com**
À : **divine.medalla@gmail.com**
Message envoyé le 14 décembre
Objet : Gym
Hello, Divine, c'était génial ce matin. Dommage que vous ne soyez pas venus…

Je ne peux pas aller à la gym le week-end prochain car on part en vacances pour Noël. Il faudra que je récupère les entraînements à la rentrée pour être prête pour la compète. Tu préviens la prof ? Merci. Bonnes vacances. Biz !

La réponse ne se fait pas attendre :

De : **divine.medalla@gmail.com**
À : **jadeCourtalys@hotmail.com**
Message reçu le 14 décembre
Objet : Re : Gym
Ah ben bravo ! Je te rappelle que c'est important, cette compète ! C'est dans trois mois ! T'as intérêt à te remettre à niveau en rentrant !

De : **jadeCourtalys@hotmail.com**
À : **divine.medalla@gmail.com**
Message envoyé le 14 décembre
Objet : Re : Gym
Holà, holà ! C'est bon ! On part à Siquijor, je ne vais pas annuler les vacances pour un entraînement quand même ?

De : **divine.medalla@gmail.com**
À : **jadeCourtalys@hotmail.com**
Message reçu le 14 décembre
Objet : Re : Gym
Ouais, ben fais attention aux sorciers de l'île, y a des gens qui disent qu'elle est hantée… Allez, salut.

Oups… Elle est en colère. Elle abuse quand même, est-ce que je lui ai fait une scène, moi, quand elle a loupé le *feeding* ?! Et puis c'est quoi, cette histoire d'île hantée ? Google *check*, vite !

« Siquijor est une petite île qui forme l'une des plus petites provinces des Philippines. Magique et mystique, elle est surnommée l'"île de feu", car elle serait le royaume des sorcières et des guérisseurs. Les légendes entourant cette île en ont fait un monde à part, un monde fait de sorcellerie qui effraie véritablement les Philippins, qui ne s'y rendent jamais. »

Qu'est-ce que c'est que cette histoire ?

– Maria-Maeeee !

Je hurle son nom dans l'escalier, je dois en avoir le cœur net.

– *Yes*, ma'am ? *Ano ba* [1] *?*

– Tu connais l'île de Siquijor ?

La grimace de Maria-Mae est éloquente.

– C'est vrai qu'il y a des sorciers ?

Maria-Mae me regarde, l'air terrorisé.

– Pourquoi vous demander ça ?

– C'est là que l'on part demain, pour Noël.

– Ma'am ! Vous aller à Siquijor ? Pas Dumaguete ?

– Nous atterrissons à Dumaguete, mais après nous prenons le bateau pour Siquijor.

Maria-Mae pâlit de nouveau.

– Philippins, jamais aller sur île Siquijor ! Île interdite ! Très mauvais sorts et beaucoup sorciers… Vous pas accepter nourriture et boisson de personnes inconnues, vous rester loin des femmes vieilles *kakaiba* [2] ! Pas toucher habitants, OK ?

---

1. « Que se passe-t-il ? »
2. « Étrange, bizarre. »

– … Mais ?

– Ouh ! là, là ! ma'am Jade… Moi effrayée pour vous ! Pourquoi papa emmener vous à Siquijor ? Ah ! là, là !

Maria-Mae retourne à ses occupations en marmonnant de vagues reproches à l'intention de papa. Elle paraît toute bouleversée. Je me demande si papa est au courant de ces rumeurs.

– Jade ? Chérie, tu es rentrée ?

Les voilà qui rentrent, cela tombe bien. Je descends en trombe dans l'entrée et me jette sur papa :

– Papa, tu sais que Siquijor est une île réputée pour être peuplée de sorciers et que les Philippins refusent d'y mettre un pied ?

– Bonjour, chérie ! Je te rappelle qu'on ne s'est pas vus aujourd'hui.

– Euh, oui… Bonjour, papa… Alors ?

– Alors quoi ?

– Ben alors tu es au courant que Siquijor est une île de sorciers ?

– Jade, ce ne sont que des superstitions tout ça ! Les Philippins sont un peuple très croyant mais également très crédule. Ils tapotent la banquette des autobus avant de s'y asseoir de peur d'écraser un lutin maléfique ! Alors les sorciers de Siquijor… C'est avant tout une île d'une beauté extraordinaire, un lieu de vacances idyllique ! Au lieu de te créer des peurs inutiles, tu ferais mieux d'aller faire ta valise, petite naïve !

Thomas, qui passait par là, écoute et ne peut s'empêcher d'intervenir :

– Sorcière, sorcière, prends garde à ton derrière !

Dans ce cas-là, ma règle avec lui se résume à l'indifférence totale.

– Au fait, Jade ? C'était bien chez Debjani ? Vous avez fait quoi ?

– Ah, heu… oui ! Super ! On a fait les filles, c'est tout ! Allez, je monte faire mon sac ! À tout à l'heure, papa.

Je l'ai échappé belle. Un peu plus et je lui racontais ma matinée au *feeding program* sans faire attention.

L'île des révélations

Vacances de Noël, SURPRISE !

Aujourd'hui on part en vacances ! Je me suis levée tôt, excitée par ce départ, et aussi pour finir ma valise. Alors que je prends mon petit déjeuner, quelqu'un sonne à la porte d'entrée. Le facteur peut-être ?

– Jade, va ouvrir s'il te plaît, je suis occupée !

– OK, m'man !

Je file vers la porte et l'ouvre sans ménagement… Et ce que je découvre ne me ménage pas non plus !

– HAAAAAA !!! C'est pas possible ?! Mais ? Que fais-tu là ?

– Hé hé ! SURPRISE !

– J'y crois pas !

Alors ça, pour une surprise… Amélie me tend les bras, hilare ! Mon amie, ma sœur de cœur…

– Alors, ma Jade, contente ? me demande maman avec un sourire satisfait aux lèvres.

– C'est vous qui l'avez invitée ?

– Oui, ma belle, et Mouna et Bon Pap' nous ont aidés pour son billet ! On savait que ça te ferait un immense plaisir et pour une fois que les vacances françaises coïncident avec les nôtres… Amélie va passer Noël avec nous et on fêtera ton anniversaire et le Nouvel An ensemble !

– Oh ! Je suis tellement heureuse !

Je saute au cou de mes parents, puis je tombe dans les bras d'Amélie.

– Bon, c'est pas tout ça mais l'avion ne va pas nous attendre, il faut y aller !

Papa s'agite, c'est vrai que nous ne sommes pas en avance.

– En route, mauvaise troupe !

Boong nous ouvre les portes de la voiture, et nous partons pour l'aéroport direction l'île de Siquijor ! Avec Amélie, nous avons des milliards de trucs à nous raconter et je ne sais pas par où commencer…

– Bon alors, c'est pas si terrible, ce pays, finalement ?

– Je commence à m'y faire en fait… Oh ! là, là ! j'ai tant de choses à te demander… Comment vont les autres ? Comment va Henri ?

J'ai terminé ma question en chuchotant. Amélie me donne des nouvelles de chacun en passant rapidement sur Riton.

– Tu es canon, en tout cas ! Toute bronzée, je suis jalouse !

– Oui ! C'est l'avantage d'habiter un archipel au soleil et d'avoir une piscine dans son jardin !

Et le voyage se passe ainsi, sans que nous nous taisions une seule seconde.

– Allez, les pipelettes ! Direction l'hôtel ! Vous allez voir, c'est sublime, ce sont de petites maisons côte à côte au bord de l'eau… On vous a prévu une paillote rien que pour vous ! Tu vois, ma Jade, que finalement c'est pas mal d'avoir Noël et son anniversaire aussi proches !

Je souris, amusée. C'est vrai que j'ai beaucoup pesté quand j'étais petite, mais je suis bien contente d'avoir de « gros » cadeaux maintenant !

– Le rêve ! Merci, maman !

Une maisonnette sur la plage rien que pour nous ! On va s'éclater et ça va bavarder ! Toto nous regarde d'un œil sombre. Je sais qu'il n'est pas content car je vais passer mon temps avec Amélie et pas avec lui... C'est extraordinaire ici. Les maisons dans lesquelles nous logeons sont de petites cabanes en bambou et en bois. Le toit est fait d'épaisses feuilles de bananier, c'est très typique ! Comme il fait toujours chaud, cela suffit pour se sentir confortablement installé.

La journée va être riche en découvertes ! Les plages sont splendides, le sable est fin, blanc et doux comme de la farine, le soleil est chaud et l'eau est tellement bleue qu'on a l'impression de se baigner dans le ciel. C'est le « paradis sur mer » ! La jungle est dense, luxuriante, il y a des palmiers partout, des bananiers, des arbres avec d'énormes fruits qu'on appelle les « jacque fruits » et qui ont le goût des fraises Tagada : si on met les doigts entre la chair et la peau, ça colle comme de la glu, mais c'est délicieux ! Le paysage est épatant, on se croirait dans *Indiana Jones*, s'attendant à trouver un temple caché derrière toutes ces chutes d'eau magiques. Ça change tellement de Manille, alors que c'est le même pays... C'est impressionnant de voir autant de paysages différents, autant de contrastes, des bidonvilles affreux qui ne cessent de grandir à quelques kilomètres d'îles luxuriantes, des gens très riches qui habitent à côté de gens très pauvres, les sourires omniprésents et la violence des gangs, les enfants et les vieillards... C'est incroyable, cette diversité ! Notre doux pays de France m'apparaît complètement aseptisé à côté de ce pays aux mille facettes. Je me demande pourquoi les gens de Manille ne viennent pas vivre ici, on y cueille les fruits sur les arbres et on y meurt moins que dans la crasse des bidonvilles ! Enfin, ils ne doivent sûrement pas avoir le choix.

Je raconte à Amélie ce que j'ai appris sur cette fameuse île des sorciers.

– Génial ! Faut qu'on aille en voir un !

– Tu crois ?

– Sûr !

Au moins on est d'accord, on veut de l'aventure ! Soit, il n'y a plus qu'à en chercher un en secret dès demain…

Nous dînons tous ensemble sur la plage, puis Amélie et moi passons une bonne partie de la nuit assises sur le sable à papoter. Je n'ose plus poser de questions sur Riton car je vois qu'Amélie est mal à l'aise, et je redoute d'en apprendre davantage… On verra plus tard. Je suis tellement contente qu'elle soit là ! Toto, qui nous colle un peu, finit par aller se coucher, et vers 2 heures du matin nous faisons de même : demain les sorciers nous attendent et, si nous voulons partir tôt, il faut que nous nous reposions.

Le lendemain, après un petit déjeuner copieux sur la terrasse du bungalow des parents, j'explique à papa qu'Amélie et moi souhaitons nous rendre sur la plage qui se trouve de l'autre côté de l'île, pour passer une journée entre filles.

– Allez ! On est des filles responsables, et puis j'ai mon portable !

Papa, d'abord sceptique, et maman, de nature inquiète, finissent par accepter tant je suis suppliante. Ils savent que ça me fait plaisir…

– Go Améloche !

Nous prenons nos affaires de plage et nous dirigeons vers le bourg voisin du village de pêcheurs où nous logeons. Nous voulons nous renseigner pour savoir où trouver un sorcier et nous interrogeons les commerçants, mais tous nous envoient promener :

– Allez-vous-en, jeunes filles ! C'est dangereux de prononcer ce mot ! C'est la malédiction des bois, ces humains maléfiques-là ! Interdit d'y aller !

Le plus excitant, c'est cette jungle hostile et interdite par les locaux, qui ne cessent de mettre en garde contre les dangers qu'elle renferme :

– Ma'am, pas aller dans jungle, pas dans jungle !

– Ma'am, beaucoup dangers si vous aller trop loin... Sorciers !

C'est bon, ce n'est qu'une forêt ! Moi je vais y aller dans cette jungle, je le sais, je me connais et en plus je suis avec ma meilleure amie !

Je veux bien croire, comme l'affirme papa, que les Philippins soient crédules, mais la terreur de Maria-Mae n'était pas feinte, et notre femme à tout faire n'est pas une idiote. Je ne crois pas vraiment aux sorciers, mais je ne peux m'empêcher de penser qu'« il n'y a pas de fumée sans feu » : sans doute une tribu indigène aux rites ancestraux qui peuple la forêt et la défend contre les intrus.

À force de nous renseigner discrètement à droite et à gauche, nous entendons dire que des chamans vivraient plus loin dans les bois, près de la chute d'eau cachée dans la forêt « interdite »... Il n'en faut pas plus pour nous attirer. Les bois sont derrière les rochers du bout de notre plage, je le sais car un serveur nous en a parlé hier durant le dîner.

– On se fait ça toutes seules donc ?

– Ben oui !

Après une longue marche dans la forêt tropicale, je commence à mollir. C'est humide et infesté de moustiques ici. Je suis piquée de partout, et Amélie commence à se gratter violemment aussi. Avancer dans cette jungle est vraiment difficile : la végétation obstrue notre passage de toute part.

– On va finir par se perdre et je ne veux pas mourir bouffée par les moustiques…

– Avançons encore un peu et, si nous ne trouvons rien rapidement, nous rebrousserons chemin.

Mais quand on cherche le loup, on le trouve ! Une maison apparaît comme par magie – ou sorcellerie –, une sorte de cabanon branlant qui tient debout on ne sait comment. Hésitantes mais trop excitées d'avoir trouvé quelque chose, nous nous risquons à frapper à ce qui tient lieu de porte. Un homme finit par ouvrir, et sans rien dire nous entraîne à l'intérieur en refermant à clé derrière nous.

– Bon… Bonjour, je voudrais que vous me disiez l'avenir, s'il vous plaît.

Amélie me regarde sans rien dire et me fait signe d'avancer. Elle me tient le bras. En face de moi, le chaman toussote ; il a une longue barbe grise et pointue, des sourcils épais et des petits yeux qui me fixent intensément : il n'a pas vraiment l'air commode.

Mais qu'est-ce qu'on fait là ? Je commence à regretter mon intrépidité. Mon cœur s'accélère, mais je ne peux plus reculer, j'y suis j'y reste, et puis je veux savoir ce que peuvent bien raconter ces sorciers !

Je regarde Amélie qui s'installe dans la pénombre. Elle est là, c'est déjà ça.

– C'est possible alors, vous pouvez me dire des choses ?

– Vouloir savoir avenir, hein ?

– Oui.

Ses yeux sont rouges et son regard de plus en plus perçant. Il commence à me fairc vraiment peur !

– Euh… oui, oui, bien sûr !

– Installer sur hamac, tendre jambes, ouvrir mains vers ciel et fermer yeux… Copine, rien dire et pas bouger !

Amélie s'enfonce un peu plus dans son coin :

– D'accord, monsieur…

– SILENCE !

M'y voilà donc ! Allongée sur ce hamac, à la veille de mes 18 ans, au fin fond d'une forêt « interdite » à plus de onze mille kilomètres de la France avec un marabout philippin terrifiant qui s'apprête à me raconter des choses à venir, et Amélie qui tremblote dans son coin. On a marché plus de deux heures sans s'arrêter, fascinées par les lianes, les bruits d'animaux, les fleurs magnifiques… Je me croyais au pays du magicien d'Oz ! Avant d'arriver ici, on a avancé de ruisseaux en rochers, on a même traversé un pont de singe, suspendu au-dessus de la rivière… Très impressionnant. Des vraies « Indianette Jones » ! Mais là, maintenant, avec ce chaman qui nous retient… je suis moins sûre de notre courage.

– Vous respirer fort trois fois, puis lionne trois fois.

Je ne suis pas bien certaine de comprendre : je dois imiter la lionne ? Qu'à cela ne tienne…

– Pffffiouuuu… Pffffiouuuuu… Pfffiouuuu… ROOOAAR… ROOAAAR… ROOAAAR…

Ça n'a pas l'air de l'amuser, pourtant la situation tient du grotesque. Amélie pouffe de rire nerveusement, le chaman lui ordonne une nouvelle fois de se taire.

Il me fixe intensément et je commence à être aussi partagée entre le rire et la peur.

– GOUUUUUUGNAAAAAAM, ROAAAAR !

J'ai vraiment l'air stupide.

– CHUT ! Vous boire maintenant breuvage béni des sorciers et puis allonger vous sans ouvrir yeux.

Là, j'hésite vraiment… Il a peut-être un peu pitié de moi, car je le vois tremper ses lèvres dans le verre en terre cuite, comme pour me rassurer. Mince, je suis folle… mais je bois.

Beurk ! Je ne peux contenir un rot sonore…

– Pardon !

J'ai honte, mais c'est immonde aussi, on dirait un café tiède aux herbes de Provence…

– *Ama namin sumasalangit ka, Sambahin ang pangalan mo. Mapasaamin ang kaharian mo Sundin ang loob mo dito sa lupa para nang sa langit…*

Qu'est-ce qu'il raconte ? On dirait du charabia philippin…

– *Mainou !*

Comme une petite fille docile, je lui tends ma main droite, un peu tremblante. Le chaman la saisit, la retourne, il me tord le poignet, me plie les doigts, puis il se concentre en silence pendant quelques minutes qui me paraissent interminables. J'en oublie presque la présence discrète d'Améloche…

Il respire fort, de plus en plus fort, et marmonne des mots incompréhensibles. Je m'impatiente et commence à regretter :

– Alors ? Vous…

– CHUUUUT !!!

Bon, ça suffit là, je veux m'en aller !

– Amélie, tirons-nous !

Il me serre la main si fort que mon sang ne circule plus. Je me maudis d'être venue, ça m'apprendra à jouer les têtes brûlées. Il va me faire du mal, se servir de moi dans ses potions magiques, me découper en rondelles pour me donner en pitance à ses chiens. Maria-Mae m'avait prévenue qu'il ne fallait surtout pas s'approcher des sorciers ! Et moi, bien sûr, il faut que je les cherche... Mais pourquoi est-ce que je dois toujours n'en faire qu'à ma tête ?!

– AAAAAARGH !

Ça y est, c'est le moment fatidique... Maman ! Je vais me faire massacrer et je n'aurai jamais 18 ans !

Le sorcier me lâche la main avec violence et dans un mouvement de répulsion se recule comme s'il avait été électrocuté. Il a les yeux révulsés et transpire à grosses gouttes :

– Noir... Noir, terrible malheur... Obscurité... DANGER !

Amélie étouffe un cri et moi je ne dis rien, je ne bouge pas d'un iota : je me fais discrète et je réfléchis à un moyen de sortir de cette cabane de fou.

– Je vois... Je vois... JE VOIS...

Bon, tu vois quoi, Merlin ?!

– ... Grand malheur. Traître ! Malédiction ! PARTEZ ! PARTEZ !

– Quoi ? Mais qui ? Que...

– PARTEZ !

L'homme-sorcier déverrouille la porte et me pousse violemment dehors, Amélie me suit en criant. On s'enfuit à toute vitesse sans demander notre reste, bien trop soulagées d'être encore en vie... En nous éloignant, sans savoir où, je remercie le ciel de m'avoir encore évité le pire... Je dois avoir un sacré ange gardien au-dessus de moi pour m'en sortir indemne chaque fois...

À bout de souffle, nous nous effondrons au pied d'un cocotier. Je n'ai plus d'air dans les poumons, Amélie non plus !

– Ça… ça va ?

– Ou… Ouais… Quelle histoire…

– Pff… Et maintenant, il faut rentrer !

Nous nous posons quand même un long quart d'heure, en silence, épuisées. « Grand malheur » : les paroles du chaman fou résonnent dans ma tête. Et qui c'est ce « traître » ? Parlait-il d'Henri ? Je n'ose pas demander à Amélie ce qu'elle en pense. Et puis ce n'est pas le moment de me torturer l'esprit. En plus, maintenant, nous sommes perdues ! Et pour tout arranger le soleil va se coucher, il fera bientôt nuit…

– Bon allez… On repart ?

– Oui…

Les parents vont paniquer si nous ne sommes pas rentrées pour le dîner. Allez ! Action : réaction ! Amélie et moi devrions pouvoir nous servir de ce que nous avaient appris nos professeurs lors des multiples courses d'orientation que nous avons faites. Le nord ? Le sud ? Je lèche mon petit doigt pour repérer le sens du vent. Bon Pap' le fait souvent sur la côte vendéenne. Échec, il n'y a pas de vent. Et trouver le nord avec ma montre ? Je crois qu'il faut avoir le soleil juste derrière l'aiguille et la médiane entre les deux aiguilles… Ça y est, je l'ai ! Mais ça m'avance à quoi de savoir où est le nord ? Et puis, bien sûr, il n'y a pas de réseau dans cette fichue jungle !

– Au secours !

– Calme-toi, Jade… On va trouver.

Amélie tente de me rassurer, mais je vois bien qu'elle panique tout autant que moi.

Cela fait maintenant une bonne heure que nous marchons au hasard et j'ai l'impression de tourner en rond. Tous les endroits se ressemblent. La lumière décline et mon moral est au plus bas. Je crois que je vais laisser tomber :

– Stop… Je peux plus… On va dormir ici…

– Non, c'est trop dangereux, Jade… Allez, bougeons-nous encore un peu !

– Nan… C'est la fin…

C'est la première fois que je baisse les bras. C'est peut-être le fait d'être avec quelqu'un, je me repose trop sur l'autre… On est parfois plus fort tout seul. Tant pis, je vais croupir ici, dans une jungle exotique avec ma meilleure copine, je vais finir affamée, assoiffée, et nous serons oubliées de tous ici, grignotées par des singes mutants.

– Aïe !

Un truc vient de me tomber sur la tête… C'est une banane ! On glisse plutôt dessus en général ! Au moins je ne mourrai pas de faim tout de suite. Je la coupe en deux, en donne la moitié à Améloche et engloutis la mienne, ce qui me permet de reprendre un peu mes esprits. Cette banane est la meilleure que j'aie jamais mangée ! Sucrée, tendre, onctueuse : un vrai « réglisse » comme disait Thomas quand il était petit. Je suis un peu requinquée. Amélie retrouve ses couleurs, et nous décidons de marcher à l'instinct : marcher, marcher… Je ne sais pas pendant combien de temps, je ne sais pas dans quel but, mais nous y allons. Amélie ne peut tout de même pas mourir ici, par ma faute…

– Jaaaaaaade ! Ohé, Jade ? Améliiiiiiie ? Où êtes-vouuuuuus ? Il y a quelqu'un ?

Alors là, quel bonheur !

– Thomas ? THOMAS ! ON EST LÀ !

Merci, merci, merci…

Je me guide à la voix, tenant Amélie par la main, et nous enjambons les lianes et autres ronces qui nous griffent au passage. Nous retrouvons Toto un peu plus loin et je ne peux m'empêcher de le serrer fort dans mes bras. Il se défait de mon étreinte avec agacement :

– Mais arrête ! Ça fait deux heures qu'on vous cherche ! Papa et maman sont morts de trouille, tu vas te prendre un de ces savons !

– On s'est perdues dans la forêt ! C'est pas de ma faute !

– N'empêche qu'ils vont quand même te gronder ! Et que faisiez-vous dans la jungle ? C'est interdit !

En rentrant vers la plage, nous retrouvons les parents. Ils ont remué toute l'île à notre recherche. Ils se ruent sur nous : à mon grand étonnement, ils me prennent dans leurs bras en me couvrant de baisers, et ils font pareil avec Amélie.

– Mon Dieu, Jade ! Quelle frayeur ! Mais où étiez-vous, nom d'un chien ?! On a failli téléphoner aux parents d'Amélie ! Tu imagines ?

– On s'est perdues dans la jungle…

Idée subite de génie : jouer la victime apeurée pour éviter les remontrances. Règle numéro 1 : en faire beaucoup.

– J'ai eu si peur ! J'ai cru ne jamais vous revoir, ma petite maman, mon papa ! J'ai cru que tout était fini !

Amélie ne bronche pas et me laisse faire.

– Oh mon trésor, nous aussi nous avons eu peur ! Bon, allons remercier ceux qui vous ont cherchées et puis nous dînerons au restaurant sur la plage pour nous remettre de nos émotions ! Au moins vous saurez qu'on ne s'aventure pas seules comme ça !

Nous passons ainsi une excellente soirée les pieds dans l'eau à déguster des poissons frais à l'ananas, du riz brun au miel, des fruits frais... Un groupe de Philippins chante et joue de la musique sur la plage, ce qui donne une ambiance parfaitement exotique à notre dîner. Un des guitaristes n'arrête pas de me regarder. Amélie l'a vu, elle ne cesse de me donner des coups de coude sous la table. Thomas, lui, s'est endormi sur le sable aux pieds de maman.

Les parents me disent qu'il ne faut plus jamais que je me prenne pour « Robinson aux Philippines ». Cette expression inventée spontanément par maman nous fait rire, le sujet de notre disparition s'épuise de lui-même et aucune punition n'est évoquée.

– Ma'am ?

– Oui ?

C'est le guitariste !

– C'est quoi ton nom ? Je veux chanter pour toi !

Waouh ! C'est une grande première, ça !

– Euh... C'est Jade.

Amélie se cache dans ses mains pour sourire.

– Très très belle Jade... Miss Monde toi ? Moi, Felipe !

Argh ! Il me complimente devant mes parents, devant Amélie et Toto, avec un gros clin d'œil en plus, la honte !

Mais Miss Monde, moi ? J'étouffe un rire flatté. Felipe repart vers son groupe et j'entends alors les premières notes d'une musique que je ne connais que trop bien...

– Cette musique c'est pour Jade, très *beautiful* Jade, là-bas...

Welcome to the Hotel California
Such a lovely place, such a lovely place
Such a lovely face...

Ce garçon-là a lu en moi ! Je me laisse transporter par la musique… Instant magique.

Quand la chanson se termine, je regarde le groupe et fais un signe de la main au jeune homme à la dédicace. Il est beau et typé, je n'avais pas fait attention… Je remarque que mes parents sourient en coin mais ne me font aucune réflexion. J'apprécie.

– Allez, je règle la note et on va se coucher ! Chérie, tu récupères Toto ?

– Oui !

– Merci, papou !

Avec Amélie, nous sommes aussi exténuées que Thomas, et ce soir nous nous dirigeons vers notre paillote comme un seul homme. Sur le trajet du retour, je pense sans arrêt au chaman :

– Amélie, tu en penses quoi de ce qu'il a dit, le sorcier ?

– Pff, je ne crois pas à ces balivernes, moi. C'est n'importe quoi.

– Tu es sûre ? Mais quand même… Il a dit qu'un grand malheur allait arriver…

– Jade ! C'est un charlatan ! Tu devrais plutôt croire que le bon Dieu nous a envoyé une sacrée aide, plutôt que de te faire de la bile parce qu'un fou t'a dit qu'il y avait un traître dans ton entourage ! On a tous des amis et des ennemis. Il suffit qu'Harvey soit désagréable à la rentrée ou te fasse une crasse et tu diras qu'il avait raison.

– Oui… Mais c'est étonnant…

– Oui, c'est amusant plutôt… C'est comme les horoscopes, ça fait rigoler, mais qui y croit vraiment ? Des gogos ! Il n'y en a jamais deux qui disent la même chose.

– Mmm…

Je reste quand même perturbée, et j'avance en silence. Amélie, qui m'observe à la dérobée, finit par se planter devant moi et me tient un des discours dont elle a le secret :

– Attends, mais tu crois vraiment à ce rigolo, là ? Ma Jade, toi qui es tant éprise de liberté, tu vas croire que ta vie est déterminée par les astres, ou qu'on peut la lire dans une infusion aux herbes de Provence ? C'est un peu facile, arrête de te creuser la tête alors si tu penses que toute ta vie est déjà tracée !

Je souris, comme toujours Amélie a des réponses comme des uppercuts. Pour finir, elle conclut, avec un clin d'œil moqueur :

– Et si tu veux mon avis, le « grand malheur » c'est d'avoir rencontré ce Philippin chanteur qui ne va plus nous lâcher des vacances…

Je deviens écarlate : beaucoup plus agréable, le visage de Felipe vient se superposer au souvenir précédent…

– C'est vrai qu'il n'a pas arrêté de nous regarder, c'était presque gênant !

– De TE regarder !

– Bonne nuit, et repose-toi bien, demain c'est mon anniv ! LA MAJORITÉ !

Dur retour à la réalité

Lundi 6 janvier, qui a inventé l'école ?

Driiiiiiing !

– C'est en quelle classe, le cours de maths ?

– Salle 224, au deuxième à droite de l'ascenseur !

Je suis très en retard, j'ai eu beaucoup de mal à me lever ce matin. Et pour cause, notre avion a été bloqué trois jours à Dumaguete à cause des intempéries qui ont paralysé le pays. Amélie a pris un avion pour la France depuis Cebu afin de ne pas manquer la rentrée. C'était dur de la voir partir…

Nous sommes arrivés hier dans la nuit à Manille, de justesse pour la rentrée ! Heureusement que Boong a pu rouler comme un pilote jusqu'à l'école, pour limiter les dégâts ! Je ne le remercierai jamais assez, celui-là !

Je pénètre discrètement dans la classe, le cours vient de commencer et je m'assois au bureau derrière Divine et Jun. Les deux se retournent rapidement pour me saluer en souriant, mais ne s'attardent pas car notre professeur de mathématiques, Mister Stermons, anglais de souche et vieux garçon, ne rigole pas du tout avec la discipline. Ses cours sont en anglais mais il se débrouille parfaitement en français.

Impatiente de raconter mes aventures, je me penche malgré tout vers Jun et Divine pour chuchoter quelques nouvelles à mes copains. Mais… ils se tiennent par la main sous le bureau ! Dans ma tête, tout va très vite et tout s'explique : le fait qu'ils passent leur temps ensemble tous les deux, qu'ils se cachent et qu'ils m'aient mise de côté ces dernières semaines ! Qu'est-ce que je fais, je leur en parle maintenant, je me moque un peu ou je leur laisse l'occasion de me raconter tout ça autour d'un café ?

Je décide finalement de leur laisser encore un peu la paix. En attendant, il faut que je leur raconte mes péripéties :

– Ça va ?

– Oui… Et toi ?

Jun et Divine chuchotent derrière leurs cahiers respectifs en essayant de ne pas se faire remarquer par le terrible « Mister Monster », ou « Monster Munch », comme les chips… C'est comme ça que nous l'appelons entre élèves martyrisés. Ce détournement de nom est facile, vu que « Stermons » à l'envers, ça fait « Monster » ! On a bien rigolé quand on a réalisé le potentiel du jeu de mots !

Divine reprend tout bas :

– Alooors-raconteuuu-teees-vacaaaances…

Elle me fait rire : à trop vouloir être discrète, c'est le meilleur moyen d'attirer l'attention sur elle.

– C'était génial ! Mes parents m'ont fait le plus beau cadeau de Noël et d'anniversaire. Ils ont invité ma meilleure amie de France ! Merci pour vos textos d'ailleurs ! Il a fait un temps magnifique et les plages sont tellement belles ! Mais on a été bloqués par le typhon à Dumaguete ! J'ai jamais vu ça, c'était le déluge ! Les bateaux étaient tous retournés, on a dû dormir dans un gymnase…

– JADE COWTALYSSS !

Grillée !

– Jade COURRR-TA-LYS, monsieur. Oui ?

– Déjà, vous awivez en retard le jour de la wentwée, vous vous pewmettez de déconcentwer vos camawades en bavawdant, et en plus vous faites pweuve d'insolence ?

– Mais c'est…

Je deviens rouge pivoine. J'avoue que là j'ai réagi un peu fort…

– « Qui fait le malinois tombe dans le wavin », mademoiselle COWTALYS !

Monster Munch me provoque… En plus il utilise tout le temps des proverbes loufoques pour s'exprimer en français, il fait des erreurs ridicules et ne sait même pas prononcer les r… Qui fait le *malinois* tombe dans le *wavin* ? N'importe quoi, cette phrase !

– Monsieur, si je peux me permettre, la véritable expression est : « Qui fait le malin tombe dans le ravin ! »

Il me fusille du regard, ses joues de hamster se gonflent et il fulmine, je crois que personne n'a jamais osé lui tenir tête comme ça. Je suis allée trop loin.

– AH OUI ? Eh bien, mademoiselle Einstein, pouw la peine vous me fewez tous les exercices de la page 102 et 103 et les pwoblèmes niveau 4 des pages 105 et 106 pour le couw de lundi pwochain, et vous sewez notée !

– Mais, monsieur ! J'ai entraînement de gym, le week-end prochain et…

– Pas de « mais », petite *malinoise* ! C'est ça ou je vous exclus du couw pouw le weste du twimestwe et là ça ne sewa pas « le wavin »… mais « le gouffwe » !

Je le hais.

Je me tais et baisse la tête jusqu'à la fin du cours. Un cours interminable de deux heures en plus ! Alors que je suis en terminale littéraire… C'est insupportable !

Je le déteste, je le déteste, je le déteste. Et c'est tellement nul, les maths, ça ne sert à rien ! On n'a qu'à utiliser nos calculatrices et nos ordinateurs ! Vivement la fin du lycée que je n'en entende plus jamais parler, ni d'équations ni de systèmes, encore moins de logarithmes ou de fonctions exponentielles… D'ailleurs ce n'est pas un hasard s'il n'y a que dans cette matière où il faut résoudre des « problèmes ». Moi, mon premier problème c'est les maths, et celui que je ne peux résoudre, c'est ce « monstre » de prof.

Driiiiing driiiing !

Enfin ! Le cours s'achève et à peine la sonnerie a-t-elle résonné que presque tous les élèves sont sortis. Chaque fois c'est la même chose, nous sommes rouges, gonflés, les yeux exorbités par trop de « fonctions logarithmiques exponentielles à trois inconnues »… Si et seulement si ça existe !

Je retrouve tous mes camarades de classe et même ce gros Harvey, méchant et moqueur, qui ne se gêne pas pour m'envoyer une vanne à propos des petits coups de soleil que j'ai pris sur les épaules… Je l'avais oublié, celui-là.

– C'est bon, Harvey, lâche-moi et va faire tes blagues ailleurs ! Quand tu sauras dire autre chose que des méchancetés, on verra !

– Ouais la tomate, c'est ça !

Harvey est le seul Philippin vraiment antipathique que j'aie rencontré ici. Je préfère l'ignorer et je le laisse derrière moi.

– Laisse tomber ce boulet, Jade !

Divine et Jun m'appellent depuis le fond du couloir :

– Alors ? Raconte-nous plutôt tes vacances à Siquijor. Comment avez-vous fait face au typhon ?

– Oui, raconte ! Divine et moi avons vachement pensé à toi !

Nous avons trente minutes de récréation, durant lesquelles nous prenons nos places préférées à la cafèt. Je leur raconte mes vacances, les retrouvailles avec Amélie, Noël à la plage, le chaman, la prédiction, les plages, nos activités, et puis Felipe, ce beau chanteur et son groupe qui ont ensoleillé nos derniers jours de pluie sur Siquijor. Je leur raconte nos soirées sur la plage où ils jouaient de la guitare, les amis philippins que nous nous sommes faits grâce à lui et la sensation de liberté absolue que j'ai ressentie en les côtoyant dans ce décor paradisiaque.

– Et vous vous êtes embrassés ?

– Eh ! Mais ça ne te regarde pas, Divine !

Jun réagit comme si Divine manquait de discrétion envers lui-même. Mais elle maintient son attention sur moi et attend fermement ma réponse.

– Non ! On était juste amis, tu vois. Nous n'avons même pas échangé nos coordonnées car nous nous retrouvions chaque soir « au hasard ». Et puis avec le typhon qui nous a surpris, nous avons dû être évacués de l'île et je n'ai même pas pu lui dire au revoir.

– Oh naaan… C'est trop triste !

– Mais ça va ! C'était juste… un bon ami, tu vois.

Petit pincement au cœur. C'était juste un ami mais… Enfin bref.

– Et au fait, le *feeding program* ! C'est quand, la prochaine fois ? J'ai l'impression qu'on ne s'est pas vus depuis mille ans, Jade !

C'est vrai que le temps semble avoir coulé depuis la fin des cours en décembre ! Cela fait pourtant seulement trois semaines que nous ne nous sommes pas vus, mais il s'est passé tant de choses !

– Je ne pense pas pouvoir y retourner avant mars vu que le bac blanc approche et que j'ai les cours de gym à rattraper. Ça vous va ?

– Carrément !

– Il faut que je trouve des savons spéciaux contre les infections de la peau pour un petit garçon dont je me suis occupée là-bas. Je ne sais pas où aller.

– On pourra passer à la pharmacie du village de Bel-Air ce soir en rentrant, si tu veux. C'est la pharmacie la mieux fournie de Manille.

– D'accord !

La journée passe et cette envie de trouver de quoi soigner Antoy ne me quitte plus. J'espère qu'il va bien, que sa santé ne se dégrade pas trop…

Comme convenu, Divine m'accompagne à la pharmacie de Bel-Air. C'est l'occasion d'aborder le sujet « Jun » !

– Divine, je t'ai vue main dans la main avec Jun ce matin, en cours de maths…

– Que… Que… Ah oui… ?

– Oui, alors raconte-moi !

– Eh bien, cela fait deux mois que nous nous sommes rapprochés avec Jun… Je suis désolée d'ailleurs si tu t'es sentie un peu mise à l'écart… et puis…

Divine rougit, je la trouve trop mignonne, elle est heureuse et amoureuse, ça crève les yeux ! Je ne l'embête pas plus longtemps sur ce sujet, elle pourra toujours me donner des détails si elle le souhaite une autre fois.

– Voilà, la pharmacie est là !

En y entrant, j'ai envie de tout acheter pour les enfants du *feeding program*. Les crèmes, les médicaments, les lotions de soins… Malheureusement je n'ai pas assez d'argent sur moi pour tout prendre. Je vais donc me restreindre et acheter quatre savons afin de soigner Antoy. J'ai envie de les lui apporter vite, mais il va falloir attendre que la compétition de gymnastique soit passée pour que les parents me laissent dormir hors de la maison… Et comme la compétition est dans deux mois, avec encore un bac blanc en février… Je vais devoir prendre mon mal en patience ! Et Antoy aussi…

Une bande pour un gang

Mars, Superman n'a qu'à bien se tenir !

Depuis le retour des vacances de Noël il y a deux mois, papa est très préoccupé par son travail et moi par les entraînements de gym et par le bac… Il passe des heures au téléphone et des nuits entières au bureau. Et moi, des heures à mon bureau et des soirées au gymnase. Son stress et le mien rejaillissent sur maman qui est tout autant sous tension. Le pire, c'est que papa ne peut rien raconter sur le dossier qui le préoccupe. Moi, ça me rend curieuse et j'ai bien envie d'être indiscrète, mais chaque fois que je me risque à lui poser la question, il me répond un peu sèchement de me mêler de mes affaires… L'ambiance à la maison est assez spéciale. Maria-Mae, elle, est calme, mais elle a des soucis dans sa famille, semble-t-il… Je n'ose pas lui en parler, car j'ai déjà souvent manqué de tact avec elle. Boong est aussi un peu bizarre depuis que je l'ai vu se faire remonter les bretelles par Jim le jardinier, que j'ai d'ailleurs encore surpris à traîner dans la maison… Un jardinier, ça travaille dehors, non ?

– Ma'am Jade, petit déjeuner !

– J'arrive, Maria, tu peux me préparer un *halo-halo,* please ?

– Ha ha, toi être la seule Blanche à aimer le *halo-halo* !

C'est vrai, j'adore ça ! Pourtant ce n'est pas vraiment ragoûtant quand on voit ce qu'il y a dedans. Le *halo-halo* est une sorte de boisson gélatineuse avec de la glace pilée, du lait concentré, du maïs, des haricots sucrés et autres fruits, et de la crème de coco. Un fameux mélange ! D'ailleurs, le mot *halo* signifie « mélange » en tagalog. Ils sont particuliers, ces Philippins, avec la nourriture, mais moi j'aime bien ! Bon, ce n'est pas terrible pour la ligne, mais tout est une question d'équilibre, non ? Je ferai attention le reste de la journée : à midi, salade !

Tin tin tin tin tin-tintin, la sonnerie Nokia du téléphone professionnel de papa résonne dans l'entrée. Celui-ci se précipite pour répondre, mais il manque l'appel de peu. Quelques secondes plus tard, c'est le téléphone fixe qui sonne dans l'entrée et papa décroche. Il reste silencieux et attentif à ce que son interlocuteur lui raconte : il devient encore plus grave et son regard s'assombrit.

– Comment ça ? Ils vont passer à l'offensive ?

– …

– Mais nous devions rencontrer l'ambassadeur à ce sujet la semaine prochaine ! Qui a pu leur donner cette information ? Nous sommes sous le secret et seuls vous, Mélinda et moi sommes au courant ! Ce n'est pas possible ! Mélinda est digne de confiance, c'est une tombe, et tu sais comme moi que nous le sommes également !

– …

Jim entre en trombe dans la cuisine et, nous voyant le dévisager, demande à Maria un café. Sa présence me crispe et je dois me concentrer pour écouter papa dans l'entrée :

– Si les activistes ont des informations confidentielles, on court droit à la catastrophe ! Je vais mener mon enquête, fais de même, Guillaume !

Papa s'énerve et, réalisant que nous sommes là à écouter, il part s'enfermer dans son bureau.

Il faut que j'en sache plus ! Je me rue dehors : je vais tenter d'écouter sous la fenêtre de son bureau. Je fais signe à Thomas de me suivre : la fenêtre est haute et il va me faire la courte échelle.

– Où allez-vous ?

C'est Jim qui nous a suivis ! Je rêve !

– Ça ne te regarde pas !

– Vous allez espionner votre père ? Je vais lui dire !

J'hallucine ! Mais il va me lâcher les baskets, lui !

– Eh ben moi, je vais lui dire que tu me surveilles et que tu as toujours un couteau de boucher sur toi !

Je l'ai en effet vu astiquer son couteau discrètement et à plusieurs reprises.

Jim devient écarlate, et je crois qu'il va me sauter dessus quand il tourne les talons.

– Vite, Toto !

– Ouaip !

– Ah ! Salut, Boong !

Boong est dehors près de la maison, en train de nettoyer les jantes de la voiture. Il sursaute en nous voyant débarquer :

– Ah ! Thomas, ma'am Jade ! Ça va ?

– Oui, et toi ?

– Oui, oui, je frotte hein ! Je nettoie !

Il faut qu'il rentre pour que nous soyons tranquilles.

– Il y a du *halo-halo* dans la cuisine, si tu veux ! Maria t'en a préparé ! Va vite, après on part à l'école !

– OK, ma'am Jade… Merci…

C'est bon ! Il semble un peu agacé cependant… Je grimpe sur les épaules de Thomas, et remarque en passant que celles-ci s'épaississent, il grandit, le petit !

Je peux voir papa au téléphone faire les cent pas autour de son bureau. Je tends l'oreille :

– Ce bidonville abrite l'un des gangs… Manille ! Dangereux… Comment ?… La rivalité avec le gang des 5X est très forte… S'il y a… fuites quant à nos projets, c'est… catastrophe et… tous en danger, les Philippins du bidonville… familles respectives, je ne sais pas si tu le réalises !

Je n'arrive pas à bien entendre, mais je persiste :

– …

– Oui, je sais, Guillaume… Moi non plus… qu'il arrive… mes proches… pardonnerais jamais. Retrouvons-nous… ambassade de France, je dépose les enfants avec Boong et je vous rejoins aussitôt.

Oh ! là, là ! Ça a l'air tendu ! Des gangs, un bidonville, en danger ? Mais que peut-il bien se passer ? J'espère que papa ne risque rien !

Il sort du bureau et nous rentrons en trombe dans la maison pour ne pas nous faire pincer en train de l'espionner.

Nous nous isolons dans la chambre, Toto et moi, pour débriefer ce que nous venons d'entendre. Ce qui est certain, c'est que papa a besoin d'aide et qu'il va falloir comprendre ce qui se passe.

– Tu crois qu'il parle d'un bidonville qui n'est pas loin de la maison ?

– Je ne sais pas, tu sais il y en a tellement ici…

– Tu crois que tu le connais ?

– Je ne sais pas, je te dis. Comment veux-tu que je connaisse les bidonvilles ?

– Ben… J'ai entendu ta conversation avec Boong l'autre soir… Je sais qu'il t'a déjà accompagnée en cachette. Et puis, Boong et moi, on parle beaucoup aussi…

– Eh bien ! Heureusement que je lui avais demandé de garder ça secret !

– Mais c'est pas sa faute, c'est moi qui vous ai entendus… Je lui ai demandé ce que tu faisais : il m'a dit qu'il me dirait si je l'aidais en français…

– Et ?

– Eh bien, je l'aide un peu tous les jours…

– Peu importe, on reparlera de ça plus tard. Pour l'instant il faut aller en cours, continuer comme si de rien n'était, mais on mènera l'enquête et on demandera à Boong de nous aider, OK ?

– OK !

– Je vais aller lui parler maintenant. J'espère qu'on peut lui faire confiance.

– Oui, oui je crois, je l'aime bien, Boong, même si parfois il est un peu étrange… Il est toujours concerné par ce qu'il nous arrive…

– De toute façon, nous avons besoin de lui.

Je vais chercher Boong et l'entraîne dans un coin pour lui expliquer l'histoire. Il a l'air passionné par ce que je lui raconte et me jure de nous aider, mais à condition de ne rien lui cacher. Ce que je promets de bonne grâce.

L'heure du départ pour l'école sonne et nous embarquons tous, papa compris, dans la voiture. Sur la route, papa ne dit rien, perdu dans ses pensées. Nous ne l'embêtons pas et restons silencieux jusqu'à l'arrivée.

– Bonne journée, p'pa, bon courage !

– Merci. Faites très attention à vous et rentrez directement à la maison ce soir, OK ? La ville est dangereuse en ce moment !

– OK, papa…

En classe, je raconte rapidement à Divine ce que nous avons entendu à la maison, comme quoi il y aurait un gang qui sévirait particulièrement à Manille. Je lui pose des questions sur ces fameux gangs philippins... Elle me raconte ce qu'elle sait sur ces bandes qui se disputent le pouvoir. Elle m'apprend qu'en général il y a un gang par bidonville qui fait régner sa loi par la violence et la force, que ces bandits détournent l'eau et l'électricité pour la revendre, qu'ils vendent de la drogue, qu'ils n'hésitent pas à tuer quand quelqu'un les dérange... Bref, ça fait froid dans le dos !

À la pause déjeuner, je n'y tiens plus et passe un coup de fil à Debjani pour la mettre au courant sous le sceau du secret. Je lui fais jurer de ne rien dire à personne et je fais de même avec Divine et Jun. Vidéoconférence via Skype ce soir à 21 heures pour nous organiser !

Après les cours, chacun rentre chez soi.

Vingt et une heures : je me connecte. Thomas est à mon côté, et Debjani, Divine et Jun se connectent successivement. Jun porte un masque de Zorro et une cape de Superman :

– Bon les super héros, c'est qui la princesse que je dois sauver ?

– C'est mooooi, Jun ! ne peut s'empêcher de minauder Divine.

– Allez, Jun, un peu de sérieux maintenant !

Il retire sa cape et la réunion peut commencer.

– Bon, maintenant que nous sommes tous réunis, il va falloir nous organiser pour rester discrets. Tout le monde est d'accord pour participer à cette enquête ? Soyez bien conscients que ça peut être dangereux...

– Oui.
– Oui.
– Oui !
– C'est parti pour l'aventure alors. Il va falloir être pro et solidaires, et j'insiste : discrets ! On a mis Boong dans la boucle, avec lui on pourra se déplacer, il est de notre côté !

Nous continuons de discuter sur ce que nous devons faire : Debjani va se renseigner sur les gangs connus de Manille. Divine et Jun, qui parlent tagalog, vont se renseigner, notamment en épluchant la presse locale, sur les événements récents qui pourraient avoir un lien avec les propos de papa. Quant à Toto et moi, on va espionner papa comme jamais, dans son intérêt bien sûr.

Demain, je parlerai à Boong pour qu'il nous aide. Et au *feeding program*, nous demanderons à père Alex de nous informer plus précisément sur les gangs de Manille et sur les différents bidonvilles. Va falloir être aussi bons que… James Bond !

– OK, prochaine réunion de travail le week-end prochain, après la compétition de gymnastique de nos deux meilleurs agents, qui a lieu demain.
– OK, Jun ! À demain pour la compétition donc !

Sans qu'on s'y attende, Jun revient aussitôt derrière sa webcam avec une espèce de collant sur la tête, un sèche-cheveux comme pistolet, et braque la lumière éblouissante de son téléphone sur la vidéo en utilisant un accent allemand :
– Nous afons les moyens de fous faire parler !

Nous rigolons à la vue de ce sketch. Jun est décidément plein de ressources ! Divine en pleure de rire… C'est drôle, d'accord, mais de là à en pleurer… Elle est totalement gaga de Jun, la Divine !

Ensemble pour gagner !

Samedi 16 mars, l'inconnu des gradins

– Vite ! On va être en retard !

Aujourd'hui, c'est ma première compétition de gymnastique aux Philippines : gros stress !

Je vais concourir auprès de Divine face à des équipes de toutes les provinces de l'île de Luzon. J'ai manqué les deux derniers entraînements de décembre, et j'ai dû rattraper en m'exerçant avec Divine dans mon jardin, en plus des cours. J'espère être au niveau…

– Allez, allez, Thomas, Jade ! On vous attend dans la voiture avec Boong !

– J'arrive, maman ! Mais où est mon justaucorps de représentation ?

– C'est moi qui l'ai ! Calme-toi, c'est bon, je me suis occupée de tout !

– Oh ! là, là ! OK, j'arrive !

– Papa nous rejoindra plus tard, il a encore beaucoup de travail mais il sera là à temps.

– Papa ! Tu nous rejoins vite, hein ?

– Oui, chérie, je boucle un dossier urgent et je prends un taxi. Entraîne-toi bien en m'attendant !

Nous sautons tous dans la voiture en direction de l'Olympic Gymnasium de Manille, situé au nord de la ville, c'est-à-dire à deux bonnes heures de route en comptant les embouteillages. Je ne dis plus un mot du trajet et répète dans ma tête tous les mouvements que je vais devoir exécuter au sol, aux barres, à la poutre et au saut… Mon agrès préféré, c'est le sol, mais j'aime beaucoup la poutre aussi, c'est là que je me sens le plus à l'aise. Je déteste le saut, depuis que je m'y suis cassé la clavicule il y a trois ans, j'ai toujours une appréhension…

Je me souviens que chez Mouna et Bon Pap', dans le champ, je m'entraînais avec Amélie et Gaspard : lui était très bon acrobate et me donnait des conseils techniques pour effectuer des pirouettes impressionnantes sans me faire mal !

– On y est !

Nous retrouvons Âbha et Debj qui sont venues me voir !

– Maman, j'ai peur !

– Mais non, ma belle, tu vas être excellente, comme d'habitude !

– Tu viens avec moi dans les vestiaires pour me coiffer ?

– Oui, allons-y !

Nous accédons par l'arrière du gymnase aux vestiaires et j'y retrouve toutes mes camarades d'équipe, dont Divine.

– Salut, Jade !

– *Ready to win ?*

Maman me coiffe d'un joli chignon bien serré comme pour une danseuse, elle sait exactement ce que je veux depuis le temps. Je suis vraiment heureuse de participer de nouveau à une compétition, ça faisait longtemps, et je retrouve le goût presque oublié de l'adrénaline…

Maman demande à Jun s'il peut nous filmer, pour que l'on envoie une vidéo à Mouna et Bon Pap'. Ravi, il ne fait pas ça à la légère, prend la caméra et commence à tourner comme s'il était journaliste, façon interview :

– Jade, vos appréhensions ? Un message pour votre grand-mère ?

– Ha ha, oui, euh... Je voulais dire que ce championnat de l'univers est un grand enjeu pour moi et si je gagne, je dédie ma victoire à Mouna !

– Merci, Jade Courtalys, et bon courage ! N'oublions pas sa ravissante coéquipière, Divine... Mais nous allons maintenant nous diriger vers les gradins pour assister à cette compétition extraordinaire... Il va y avoir du sport !

Jun filme les spectateurs et nos concurrents, mais il s'éloigne et je ne l'entends plus, il est dans son trip, on regardera ça après...

– *Girls ! Time to go !*

– OK !

C'est l'heure de quitter maman et d'y aller. Nous devons entrer, nous présenter devant les juges et faire un petit tour d'échauffement. Nous sommes six dans mon équipe, chacune va devoir être à son maximum, cumuler le plus de points possibles pour gagner.

Chacune des douze équipes présentes salue le public et le jury. Puis nous défilons sous nos couleurs avant d'être affectées à nos agrès de départ. Mon équipe, District 4, est réputée pour être l'une des meilleures et l'une des plus défiées. Il va falloir être à la hauteur de cette réputation !

– Allez, Jaaaade !

Je reconnais la voix d'Âbha qui hurle depuis les gradins. Ses encouragements sonores me boostent à fond ! Nous allons le gagner, ce championnat !

– Allez, les filles ! Vous êtes les femmes de SUPER-MAAAAAN !

Jun nous hurle des encouragements en français et nous le voyons qui s'est déguisé en Superman pour l'occasion ! Il est fou, mais il est drôle ! Divine a les yeux qui brillent, je pense que la présence de Jun peut la rendre imbattable, tant mieux !

Je ne vois pas papa dans les gradins, j'espère qu'il ne va pas tarder… Je lui en voudrais de manquer mon premier championnat philippin !

– District four, les plus forts !

Pendant deux heures, nous allons tourner sur les agrès. Mon équipe commence par les barres… Je ne suis pas à mon maximum. Divine commence et exécute parfaitement ses mouvements. Je regarde de nouveau dans les gradins et je vois que Jun, notre Superman, se cache la tête dans les mains, tandis que Thomas le filme ! Il doit redouter de voir Divine tomber. Pourtant tout se passe bien, et il manque un grand moment de sport : Divine est très gracieuse, quand elle tourne autour de la barre du haut on dirait une plume… Elle sort en beauté et est applaudie chaudement par la foule. C'était parfait. Les cinq jurés annoncent ses notes sur 10 : « 9 – 9 – 9,5 – 8,5 – 8. » C'est brillant !

Ça va bientôt être mon tour : le stress monte, il faut assurer, la place aux championnats des Philippines est en jeu. Je regarde dans les gradins et je ne vois toujours pas papa… Mais que fait-il ?

– Jade Courtalys, équipe District 4 !

C'est à moi… Mon cerveau se déconnecte et je me prépare à commencer.

– Allez ! JAAADE !

Je reconnais la voix de papa !

Une, deux, trois, c'est parti : je fais mon entrée, et enchaîne mes mouvements avec un automatisme qui me déconcerte.

– Aïe !

Mon pied droit tape sur la barre, mais je reste suffisamment stable pour ne pas tomber. C'est une faute mais je continue sans perdre ma concentration. Sortie de barres, salto, réception tenue… Prestation peu brillante, mais j'ai évité le pire… J'espère ne pas être trop pénalisée pour ne pas faire chuter la note de l'équipe. Heureusement, les autres filles réussissent parfaitement leur passage et sauvent l'honneur. Je vais devoir tout donner au sol et à la poutre pour remonter ma moyenne.

– Changement d'agrès !

Nous nous dirigeons à présent vers le saut de cheval où je ne suis pas non plus la meilleure, et chacune fait de son mieux. Anna, une fille de mon équipe, tombe à la réception, ce qui nous fait perdre deux points d'un coup. Nul ! Quant à moi, je ne fais toujours rien d'extraordinaire. Notre avantage sur les autres s'amenuise.

Mon stress augmente, c'est le moment du passage au sol ! J'ai construit mon enchaînement seule, c'est ma discipline préférée et le niveau de technicité est élevé : si je rate ça, nous perdrons une place sur le podium, et les filles comptent sur moi. Les autres équipes sont très fortes aussi, les filles de la Makati Team et celles de Quezon sont de vrais élastiques… La tension est à son maximum. Les premières notes de la musique que j'ai choisie pour accompagner mon passage retentissent… C'est un rythme espagnol, une salsa frénétique qui me permet de chorégraphier mon enchaînement avec des mouvements de danses latines. C'est la musique sur laquelle j'avais gagné ma première grande compétition en France… mon porte-bonheur ! Je salue les juges et me concentre jusqu'à la note de mon départ… C'est parti ! Je m'élance gracieusement pour ma première acrobatie ! Rondade, flip, salto ! Impeccable, je me surprends moi-même !

– Ouaiiiiiis, Jaaaaade, t'es la meiiilleeeeure !

Je reconnais les voix de Toto, de Jun, de Debj, de maman, et cela me stimule encore plus ! J'enchaîne. Souplesse, pont, grand écart, flip avant, saut enjambé, salto carpé ! J'ai l'impression d'être soutenue par un fil invisible et je suis indestructible ! C'est fou ce que j'aime ce sport ! Dernière diagonale. La plus complexe. Un minitemps de pause. Je souffle. Je reprends une grande bouffée d'air… *Go !* Rondade, flip, salto tendu ! Réception parfaite. Stop. Le temps s'arrête. Un tonnerre d'applaudissements me sort de ma concentration…

« 9 – 9,5 – 9 – 9 – 9,5. »

– Wooooo !

– Bravo, Jade !

Ce pays me réussit, finalement !

C'est l'heure de la pause et nous allons toutes nous rafraîchir dans les vestiaires. Mira, notre entraîneuse, nous félicite et nous prodigue les derniers conseils pour la poutre. Nous sommes bien placées pour le moment, mais tout va se jouer avec le dernier agrès, car nous sommes au coude-à-coude avec deux autres équipes.

Nous retournons dans le gymnase et défilons de nouveau devant le public et les juges. C'est la dernière ligne droite et si nous gagnons, ce sera la fête !

C'est Rheia qui commence, elle est excellente à la poutre et est incroyablement souple du dos. Tout se passe à merveille, elle déroule son enchaînement jusqu'à la fin et se prépare à son salto de sortie. Elle s'élance…

Patatras !

– Aïe, aïe, j'ai mal !

Elle est à terre, elle a manqué la réception de son flip avant de sortir et ne se relève pas. Mira court vers elle, Rheia se tord de douleur. Mince ! Elle s'est sûrement blessée ! Mira fait signe aux infirmiers de lui venir en aide. Je commence à m'avancer, mais je suis retenue par les filles qui me disent de ne pas y aller. La compétition n'est pas terminée, nous devons rester concentrées. Les infirmiers emmènent Rheia dans les vestiaires et Mira nous retrouve :

– Pff… Elle s'est foulé la cheville…

– Non ? C'est vrai ?

– Oui, heureusement il n'y a apparemment rien de cassé mais ça va mettre du temps à se réparer… Et les championnats nationaux approchent…

– C'est foutu, on va perdre…

– Non, rien n'est perdu car elle est tombée en sortie. Elle va simplement être pénalisée d'un point pour mauvaise réception, mais le reste de sa chorégraphie était presque parfait. Ah, chut ! Ils annoncent ses notes.

« Rheia Mendosa : 7,5 – 8,5 – 8 – 8 – 7. »

– Bon… Pas terrible mais pas catastrophique non plus. Si vous ne faites aucune erreur, nous avons encore toutes nos chances.

Anna commence, elle redoute de tomber elle aussi, mais finalement tout se passe bien. Je ne l'ai d'ailleurs jamais vue réussir aussi bien à la poutre. Puis c'est au tour de Divine, qui exécute son mouvement à la perfection, comme à son habitude. Les deux suivantes, Deybie et Malou, font quelques fautes, mais rien de trop pénalisant... Je vais passer la dernière puisque j'ai commencé au sol. Le classement final de notre équipe à ces championnats régionaux dépend de ma performance. Les autres équipes ont réussi leurs prestations et nous ne sommes qu'à quelques centièmes de point les unes des autres.

Allez, à mon tour ! Je repense soudain au petit Antoy, le petit du *feeding program*. Mon cœur ralentit, je respire, il faut que je réussisse ma prestation à la perfection, et je vais le faire pour lui ! Mouna voudra me récompenser : pour une fois je ne demanderai pas un sac à main ou un nouveau maillot, je lui demanderai de parrainer Antoy. Ce sera ma plus belle coupe.

Je monte sur la poutre en faisant un équilibre, redescends en équerre, parfaite tenue, je maîtrise mon stress. Je tournoie sur les quinze centimètres de largeur et m'élance, aucune faute pour l'instant... Antoy, pour toi, mon petit Antoy... Une enjambée, un grand écart et c'est bientôt la sortie... 5-4-3-2-1... Impulsion, salto ! STOP ! Je rouvre les yeux. Je suis droite comme un i devant les jurés. Je me retourne vers Mira : elle affiche un sourire rayonnant et me fait un signe agité avec son pouce levé...

– Au top, Jade ! Bravo !

C'est réussi : merci Antoy, merci mon Dieu.

Mes derniers résultats, comme ceux des autres filles, restent secrets pour que la surprise du score final soit totale : jusqu'à la remise des prix, ce soir, après la compétition des garçons, nous resterons dans le doute. En attendant, nous allons pouvoir retrouver nos familles et profiter du parc de verdure environnant, une rareté à Manille. La famille « refait le match », Jun félicite Divine, la pression redescend, et tout le monde est un peu volubile, chacun interrompant l'autre.

Nous passons l'après-midi à nous détendre dans l'herbe et à faire des acrobaties avec les copines. Les parents sont aux petits soins et nous félicitent sans arrêt, c'est touchant de les voir fiers de nous alors que nous ne savons pas encore qui a gagné.

– Ma choupette, dit maman, l'important n'est pas de gagner…

– Oui, maman ! C'est de participer ! On sait !

Je crois que je n'ai jamais entendu une phrase aussi fréquemment, c'est un peu comme quand elle me dit : « C'est la beauté intérieure qui compte. » Certes ! Mais c'est bien d'être beau à l'extérieur aussi ! Maman n'aime pas quand je réponds ça, elle me reprend toujours en me disant que j'ai de la chance d'être jolie et que je dois dire merci, que si ça n'était pas le cas je ne penserais pas la même chose. Peut-être a-t-elle raison… Mais je crois qu'il est plus dur de savoir si quelqu'un est beau de l'intérieur s'il ne l'est pas de l'extérieur, non ? Le bossu de Notre-Dame, il était si moche que tout le monde le fuyait, à moins d'être forcé, comme Esméralda, d'apprendre à le connaître…

En fait, il faudrait « apprendre à connaître », apprendre à regarder profondément avant de se faire une idée figée ? Regarder dans les yeux pour regarder dans le cœur ? Ne pas faire de l'apparence un obstacle à la découverte de l'autre ? Et…

– Jadounette ! C'est la reprise !

J'étais complètement perdue dans mes réflexions. Je me redresse, réajuste mon maillot avec l'impression étrange d'avoir compris ce que signifiait vraiment « aimer l'autre dans sa différence »… À méditer.

La remise officielle des prix va commencer. C'est toujours un super moment que de défiler sur le praticable avant d'attendre, stressé, le verdict définitif. Les équipes se présentent de nouveau, les filles d'abord puis celles des garçons. Roulement de tambour, discours du président des clubs de la fédération de gym, les équipes quittent le praticable pour laisser place au spectacle donné par les petits du gymnase d'accueil, l'équivalent des poussins : ils sont adorables ! Puis c'est le moment attendu, la remise des médailles ! Les pronostics vont bon train et on entend le nom de notre équipe chuchoté à droite et à gauche… ça serait vraiment génial de gagner… Si seulement ! Je prie…

– *Third place : MAKATI TEAM !*

Un tonnerre d'applaudissements accompagne l'annonce des troisièmes sur le podium… Notre stress augmente ! Si nous gagnons, nous emportons toutes un nouvel ensemble de gymnastique sponsorisé par la marque phare, une rencontre exceptionnelle avec la championne du monde de l'année passée, qui sera à Manille en juin, et un gros chèque à reverser à l'ONG de notre choix : je ne peux m'empêcher de penser à mon petit canard du *feeding* à qui j'aimerais que l'argent revienne…

– *And the winner IS…*

Le temps s'arrête et nous retenons toutes notre souffle… Nous avons tout de même fait des fautes, des chutes… Ohhh…

– *DISTRICT 4 TEAM !*

Et bam !

– Quoi ? On… on a gagné ?

– ON A GAGNÉ !

Je me retrouve en l'espace d'une seconde sous un tas de filles en justaucorps. Elles se sont jetées sur moi à l'annonce de notre victoire et c'est l'euphorie totale ! Je ne peux m'empêcher de penser à Antoy, je suis persuadée qu'il m'a donné la force de faire un carton… C'est pour lui que je me suis donnée à fond !

Félicitées par toutes les autres équipes, nous grimpons sur le podium avec fierté et joie, puis nous recevons chacune un splendide bouquet de roses écarlates. C'est magique d'être là, je me sens pousser des ailes ! Les juges, un à un, nous serrent la main, et c'est au tour des organisateurs. Mira récupère un beau chèque de douze mille pesos, soit à peu près deux mille euros : c'est énorme pour ici, nous allons pouvoir faire beaucoup de bonnes choses avec cet argent. Enfin, nos familles nous rejoignent et nous nous rendons tous dans les vestiaires pour trinquer à notre belle première place.

En marchant vers la porte, mon regard est tout à coup retenu par un visage : loin dans les tribunes, j'ai l'impression de le connaître… J'ai déjà vu ce garçon, mais où ? En une fraction de seconde, ma vie défile par catégories, comme un trombinoscope : collège, lycée, camps scouts, cathos, pas cathos, soirées, famille, vacances… Impossible de remettre un nom sur ce visage, ni de me souvenir d'où je le connais. Il faut dire qu'il est loin, j'ai du mal à bien voir ses traits…

J'essaie en vain d'attirer son attention par un mouvement de la main, mais il est en train de partir.

– Jade ! Viens vite, on va faire une photo d'équipe !

– Ouaip !

Je rattrape en courant Thomas et les parents, en compagnie de notre équipe de gym. Papa m'embrasse fort et Thomas n'arrête pas de me coller : il doit être fier et ne sait pas comment me le montrer, c'est aussi touchant que maladroit ! Nous fêtons dignement notre coupe de vainqueurs et la remplissons du vin gazeux, typiquement philippin, pour y boire toutes une gorgée ! C'est la fête !

Divine m'appelle :

– Jade ! Jun vient dîner à la maison… Tu veux venir aussi et dormir chez moi ce soir ? Et même dimanche, comme ça on ira ensemble en cours lundi.

– M'an, p'pa, je peux ?

– Mais oui ! Fêtez votre belle compétition comme il se doit ! En plus nous ne sommes pas là de la journée demain, nous allons visiter le mont Pinatubo en amoureux ! Profitez-en !

« Quand les chats ne sont pas là… »

– Merci !

Divine me fait un clin d'œil et me glisse à l'oreille :

– On pourra parler de notre enquête, faire le point, et peut-être même faire un tour dans le bidonville de Nyia demain pour trouver Antoy…

– Ah ouais ! Bonne idée !

Après le dîner avec Jun, durant lequel il nous raconte avec toujours beaucoup d'humour la trouille qu'il a eue de nous voir nous casser la figure aux barres et à la poutre, celui-ci rentre chez lui :

– Ciao, les acrobates ! Et encore bravo !

Je suis épuisée ! Divine aussi. Nous décidons finalement de passer notre fin de soirée à regarder les meilleurs moments de nos films préférés et à surfer sur Internet en mangeant du pop-corn caramélisé et des glaces vanille-caramel-chocolat et noix de macadamia, inexistantes ailleurs qu'aux Philippines.

Après avoir englouti glaces, pop-corn et scènes cultes de *Pretty Woman*, *Coup de foudre à Notting Hill* et *Love*

Actually, je propose à Divine de lui montrer le blog de Gag'. Alors que nous hésitons de plus en plus à partir demain à la recherche d'Antoy et que notre motivation mollit concernant notre enquête, nous tombons sur cet article :

Article datant du 26/2
Écrit par Gag'
Avoir peur tue !

« C'est la confiance et rien que la confiance qui doit nous conduire à l'amour. »

Cette nuit, alors que la chaleur écrasante emmagasinée toute la journée par la toiture en tôle de ma modeste chambre me tenait éveillé et ruisselant, j'ai réfléchi un certain temps sur les peurs de l'homme.

La question qui me préoccupait était : pourquoi avons-nous aussi peur de tant de choses ? Peur de choisir, peur de nous tromper, peur de changer, de s'engager, peur d'avancer, de décider, de partir, de revenir, de nous lancer, de perdre, de vieillir, de mal faire, de trop faire... Où ces craintes prennent-elles racine, dans quel terreau fertile arrivent-elles à pousser ?

La chaleur ne diminuant pas malgré mes efforts de ventilation, j'y ai pensé un bon moment, me demandant quelle est la source de nos échecs si récurrents. Qu'est-ce qui fait que nous reculons, que nous régressons, que nous abandonnons et que souvent nous désespérons ? N'est-ce pas justement la peur elle-même qui nous affecte au point de nous faire tomber ? C'est bien la peur qui, en général, nous fait douter, nous rend agressifs, insatisfaits, médiocres, méchants bien souvent, car en proie à de sombres tourments... Quand il a peur, le chat ne griffe-t-il pas, le serpent n'attaque-t-il pas ? Mais de quoi avons-nous donc si peur ?

De la mort, inévitablement, je le crois sérieusement.

Oui, je crois que toutes nos peurs, celles qui nous hantent, celles qui nous réveillent, celles qui nous trompent, celles qui nous guettent et celles qui nous tétanisent sont liées à la peur de toutes les peurs, la peur-terreur, parfois panique : la peur de disparaître, de partir, la peur de mourir... Oui, la somme de toutes nos peurs, c'est la mort, fatalement. Et pourtant, nous y succomberons, c'est un fait et c'est la vie, paradoxalement.

Alors que faire ? Abdiquer ? Nous laisser guider par ces craintes lugubres et souvent infondées ? Bref, nous laisser mourir, justement ? Pourtant, souvent, lorsque nous surmontons nos peurs, nous atteignons la réussite, la joie et la confiance. Il y a là une vraie réponse, je crois. C'est amusant car, petits, nous avions peur du noir, du silence, et pour contrer cette frayeur nous allumions la lumière et nous remontions le mécanisme de nos boîtes à musique. Symboliquement d'ailleurs, la lumière et la musique sont la vie, quand l'obscurité et le silence témoignent bien souvent de son absence. Refuser la peur n'équivaudrait-il pas à allumer la lumière de nos purs esprits et à monter le son de nos cœurs palpitants ?

Pour ma part et à titre d'exemple, j'ai très peur en avion... C'est comme cela : j'ai peur, c'est tout, peur de mourir en m'écrasant, tout simplement. Il fut un temps où j'aurais même refusé tout voyage afin d'éviter de monter dans cet « oiseau de fer » que je croyais de mauvais augure. Que n'aurais-je pas raté, perdu, quand on sait qu'entre Paris et Manille, entre autres, il y a vingt heures de trajet... Et combien j'ai gagné en dépassant cette trouille stupide à l'origine de tant de sueurs froides, lesquelles n'ont servi qu'à me faire mal dormir de temps en temps... La peur ne sert qu'à nous faire souffrir alors que c'est justement ce qui nous terrorise le plus. C'est absurde et pourtant, nous persévérons.

Ainsi, il y a une prière qui peut certainement nous sauver, qui peut nous permettre de vivre pleinement, sans assurances, sans amortisseurs, sans freins, sans chaînes, une grâce que nous pouvons demander et qui nous sera accordée : celle de la confiance.

En effet, je pense sincèrement que s'il nous faut prier, il faut le faire, entre autres, pour ne plus avoir peur de la mort, car c'est alors que la vie s'ouvrira totalement devant nous, que nous serons absolument libres, que nous vivrons « en vérité » et que nous serons attirés naturellement par le bien : « Croyez et vous vivrez », « Votre foi vous sauvera »... Tant de conseils rabâchés de-ci de-là mais que nous n'appliquons pas. Je terminerai maintenant avec notre Jean-Paul II, qui reste une figure humaine extraordinaire autant pour les croyants que pour les non-croyants. Celui-là même qui nous avait dit : « N'ayez pas peur. »

Soit.

Votre dévoué Gag'

C'est exactement ce que j'aurais été bien inspirée de penser pour ne pas sécher sur mon dernier bac blanc de philo : « Devrions-nous vivre comme si nous ne devions jamais mourir ? » En plus c'est quand même un peu grâce à Gag' que j'ai pu rencontrer Antoy.

C'est un signe, *capito* ! Demain, nous irons donc retrouver, « sans peur », Antoy dans son bidonville pour donner à sa maman de quoi le soigner. J'envoie ensuite un message à Boong pour qu'il nous prête main-forte : il faut qu'il trouve un moyen de nous accompagner au bidonville de Nyia sans que ça se sache. Il me l'avait proposé d'ailleurs. Nerveuse, j'attends sa réponse.

Elle arrive une heure plus tard : il est d'accord. Il passera nous prendre demain à l'entrée du village de Divine après le déjeuner, et nous filerons au bidonville. Ce sera en plus une parfaite occasion de bosser notre enquête et d'aller voir sur place ! Demain, nous nous y remettons de plus belle ! En y réfléchissant, je préfère que Thomas ne se joigne pas à nous pour cette excursion. Trop dangereux, il est encore jeune. S'il l'apprend, il m'en voudra beaucoup, mais alors je lui raconterai tout…

Le lendemain, nous nous réveillons à 10 heures pour la messe. Divine est de mauvaise humeur, elle n'aime pas la messe, ça l'ennuie. Elle m'explique qu'elle y va un peu forcée tous les dimanches, pour sa famille et parce que, aux Philippines, c'est très mal vu de ne pas s'y rendre. Tout le monde croit et pratique. Pour elle, tout ça n'est qu'un moyen de se rassurer face à la mort, elle n'y croit pas vraiment…

– Je crois en un Dieu mais pas comme celui-là… Je ne pense pas que tout ce qu'on dit soit vrai… Dieu est dans nos cœurs, pas à la messe…

Je ne sais pas trop quoi lui répondre. Je pense que je ne pourrais pas ne pas prier. C'est presque devenu un réflexe de réciter mon *Notre Père* et le *Je vous salue Marie*. De toute façon, on doit y aller.

Nous nous rendons à la messe d'un quartier voisin, un quartier populaire, car les parents de Divine y aident le dimanche après-midi. L'église est bondée, plus qu'à la messe où je vais d'habitude. C'est incroyable. Elle est remplie de croyants, nourrissons, enfants, parents et grands-parents, petits derniers ou aînés, ne sachant pas encore ou plus marcher... Des bancs ont été ajoutés dehors pour que chacun puisse se recueillir confortablement.

Tous sont là en famille, chacun parfaitement propre, bien habillé, les cheveux encore mouillés par la douche prise avant de venir. Je suis fascinée par la ferveur ambiante, fascinée par cette joie qui habite leur cœur, fascinée par le sentiment de paix qui règne ici, maintenant... Ils ont un air si paisible, ces gens, si confiant, si aimant, si reconnaissant... Et ce malgré leurs divers tracas, leurs nombreux maux, leurs difficultés évidentes... La messe est belle et tellement joyeuse ! Les chants sont rythmés, les gens dansent en louant le Seigneur... C'est presque la fête ! Ça change tant de la France ! Je ne comprends pas que Divine ne soit pas contente de venir ici, c'est si dynamisant ! Je lui en reparlerai...

La messe se termine et le flot de bambins s'évapore comme par magie. Nous rentrons déjeuner chez Divine. Il nous faut maintenant préparer notre excursion avec précaution.

Le bidonville de l'enfer

Dimanche 17 mars, échappée belle

– Antoy ? Antooooy ?

Les gens nous dévisagent : que font deux adolescentes, dont l'une est blanche comme la lune, sur la Nyia Road, route lugubre, passante et très mal fréquentée du cœur du Manille pauvre ?

Dans la voiture, j'ai demandé à Divine ce qu'elle pensait des bidonvilles en tant que Philippine. Elle m'a répondu qu'en général les Philippins de la classe supérieure, les riches quoi, faisaient comme si ça n'existait pas et ne s'en préoccupaient pas, trouvant cela sale et honteux, donc méprisable.

– Mais comment peut-on mépriser dix millions d'habitants dans une ville qui en compte presque vingt ?

– Eh bien… C'est l'utilité des villages barricadés, des centres commerciaux fermés, des voitures blindées aux vitres teintées, des gardiens…

Elle m'a expliqué que les pauvres et les riches ne se mélangent jamais, sauf quand les riches emploient les pauvres comme chauffeur ou femme de ménage… Un peu comme nous, en fait…

– Ils se voilent la face, ils ne veulent pas voir parce que ça leur fait peur, ça les dégoûte…

– Mais toi ?

– Moi, mes parents sont différents… Ils s'investissent, ils sont concernés par leur pays et par ses tristes réalités… Et moi aussi ! Nous sommes tous du même pays, la solidarité devrait commencer ici ! Je ne peux pas comprendre qu'on laisse des enfants de sa patrie dormir sur les trottoirs et des familles vivre dans des taudis… Non, ce n'est pas mon pays, ça… Et j'ai honte quand je rencontre certains amis de mes parents, riches comme Crésus, qui s'étonnent du nombre de pauvres à Manille… J'ai envie de leur hurler : « Mais ouvrez les yeux et vos rideaux ! On ne voit que ça ! Et donnez de vos millions, comme ça y en aura moins, des pauvres ! »

J'ai été surprise de sa véhémence. Je ne l'avais jamais vue aussi révoltée. Je comprends mieux pourquoi elle est là aujourd'hui, moi qui croyais qu'elle avait trouvé une excuse bidon pour ne pas venir la première fois…

Boong nous a donc déposées une fois de plus en cachette des parents. Tout était parfaitement organisé. C'est lui-même qui nous a donné rendez-vous et qui nous a expliqué précisément comment nous rendre là où nous voulions. Il a même emprunté une autre voiture pour nous accompagner et nous a remises entre les mains d'un gars qu'il semblait connaître, en lui expliquant notre objectif. Bizarre mais trop sympa, ce Boong ! Heureusement qu'il est notre allié en fait. Moi qui me méfiais un peu, je crois que sans lui nous ne serions pas là !

Guidées par Mike, ce Philippin briefé par Boong, nous approchons des environs du bidonville. Il va nous falloir être prudentes quand nous serons à l'intérieur. Mike marche à une dizaine de mètres de nous, il doit simplement nous amener à l'entrée la moins sombre du bidonville de Nyia : pour cela, Boong lui a donné quelques pièces… Il faudra que je le rembourse.

– Ah mais, c'est ici Samonte ! C'est là que Boong me poussait à venir pour voir des enfants…

Je me risque à demander, avec mes rudiments de tagalog, si quelqu'un sait où se trouve Antoy, mon petit canard atteint par la gale… Divine prend le relais, et nous obtenons des semblants de réponses… On ne sait jamais vraiment avec les Philippins, car ils sont capables de dire oui même si c'est non, juste pour ne pas perdre la face… Et puis ils font tant de mimiques qu'on ne sait pas trop ce que cela signifie : oui, non, peut-être, par ici, par là ? *Wala, wala si Antoy ! Seguro sa bahay nia, doon* [1] *!*

Ce Philippin me montre, avec une bouche qu'il avance en cul-de-poule [2], l'entrée d'une microruelle sombre et étroite comme un tunnel d'égout. Il semble que c'est par là que vit Antoy… Y aller ou pas ? Mike nous fait signe d'avancer, nous montre du doigt une petite lumière qui brille au fond d'une longue ruelle et nous quitte sans plus de manières. Je regarde Divine avec un frisson et elle me répond par la même frayeur : oui nous sommes complètement folles et non nous n'avons pas bravé nos craintes pour rien, Antoy a besoin d'être soigné. Nous armant de courage et nous tenant par la main, nous pénétrons lentement dans la ruelle, labyrinthe humide, tortueux et puant. Derrière nous, j'entends des soupirs et des cris que je ne sais pas vraiment interpréter…

– Jade… Tu es sûre que… ?

---

1. « Non, pas d'Antoy ici ! Mais peut-être chez lui, là-bas ! »
2. Les Philippins ne montrent pas du doigt, mais pointent avec leur bouche.

– Non… je ne suis sûre que d'une chose, Antoy a besoin de nous.

J'ai dit ça d'un ton qui se voulait ferme, mais je ne suis pas plus rassurée que ma camarade.

– Et si on revenait samedi prochain ?

– Non ! J'ai déjà trop tardé à venir le voir, il faut le soigner et père Alex m'a dit qu'il ne pouvait pas lui payer ces soins. Et puis on doit aussi avancer sur notre enquête.

Sur ce, j'accélère le pas.

– Antoy ? Aaaantoooy ?

GRRRR WARF WARF WARF WARF GRRRRR !

Notre sang ne fait qu'un tour : un chien loqueteux tente de nous sauter à la gorge, empêché par une barrière en ferraille qui le retient dans un trou de roche, sorte de niche improvisée.

– Oh la frayeur !

Le cœur tambourinant, nous continuons notre avancée dans le début d'un bidonville tentaculaire. Je commence à regretter, j'ai un mauvais pressentiment et, étrangement, j'ai l'impression qu'on nous suit.

– Antoy ? Antoy ?

Nous n'y voyons plus rien alors que nous n'avons pas fait cinquante mètres… J'entends des bruits sourds qui ressemblent à des voix un peu plus loin… Peut-être pourra-t-on nous renseigner sur l'endroit où loge mon Antoy. Je me retourne brusquement : quelqu'un nous suit ou est-ce que j'entends des voix ? Cette sensation est pesante…

Un groupe de jeunes joue aux cartes dans un recoin du tunnel et s'échauffe à essayer de gagner. Ils boivent de l'alcool, je crois, ça sent le détergent de l'endroit où nous sommes ! C'est insensé de poursuivre, je le sais, nous sommes en danger, mais je suis comme attirée par une force que je ne maîtrise pas. Divine est pétrifiée, et je suis épatée par sa volonté : je l'aurais cru moins courageuse.

– *Hel... Hello... ?*

Deux des gars du groupe relèvent doucement la tête. Ils ont les yeux écarlates. Ils nous regardent des pieds à la tête sans dire un mot, affichant un sourire en coin qui ne présage rien de bon. Ils sont ivres comme des barriques, c'est bien notre veine ! L'un d'eux se lève brusquement et s'agrippe à mon bras :

– *Waaaaoww you are Miss World, from America ! I know, you want to marry me !*

Il se jette sur moi, manque de me faire tomber et m'enlace avec la même « gluanterie » qu'une grand-tante pas vue depuis dix ans, l'une de celles qui me pincerait la joue en disant « houuu ce que tu as grandiiii, je t'ai connue petite comme ça » en agitant le bras à hauteur de son teckel... En plus il sent fort l'alcool à quatre-vingt-dix degrés...

– *Euh... I'm already married, sorry. Do you know Antoy ?*

– *Antoy ? You want to find Antoy, my princess ? Hey ?*

Il se moque de moi ? Divine tente de discuter avec le moins saoul des trois mais c'est peine perdue, il la regarde, lubrique... Je reprends alors de plus belle :

– *Yes, yes ! I want to give him that...*

Je leur montre les savons. Titubant, il se rassoit quasiment sur ses copains, se met à rire et sort une espèce de téléphone portable... Il parle et je ne comprends pas, mais un instant plus tard je vois apparaître une bouille qu'il me tardait tant de retrouver...

– Antoy !

Il me reconnaît mais, timide, se cache derrière son grand frère qui l'accompagne. Il a le visage couvert de petites plaques rouges, il sourit pourtant. Le grand frère nous tire par le bras pour nous sortir des pattes de nos prétendants, lesquels essaient tant bien que mal de nous retenir à coups de déclarations d'amour et demandes en mariage. Antoy se met à crier comme un petit furieux, mimant une colère : tout le monde se tait ! Nous suivons Antoy et son frère, qui nous emmène plus loin dans le labyrinthe pour nous éloigner des joueurs de cartes. Les notes d'un karaoké hurlent à quelques mètres, accompagnées de la voix de fausset d'un chanteur se prenant pour la réincarnation de Michael Jackson : *« Can youuu feeeeeel IIIIIT ! »*

– *Good singer !* commente le frère d'Antoy, le plus sérieusement du monde.

– Oui…

Divine reprend enfin la parole qu'elle semblait avoir perdue et explique la raison de notre présence ici.

Je tends les savons au grand frère. Antoy me regarde, me fixe avec ses petits yeux noirs, me sourit et se jette finalement sur ma jambe pour s'y accrocher comme un singe en rigolant. Puis, réprimandé par son frère, il me lâche, fait quelques grimaces, imite un chanteur à son micro et repart en courant vers je ne sais quel taudis. Au moins, il ne manque pas d'énergie, ça me rassure !

Je suis triste de le voir déjà reparti mais je sais qu'il va être soigné et que nous nous reverrons certainement samedi au *feeding*. Divine prend soin d'expliquer au frère d'Antoy comment utiliser les savons et insiste sur la régularité d'utilisation : matin et soir ! J'ai les larmes aux yeux.

– *Salamat, salamat, mga Ate ! God bless* [1] *!*

Le frère a les yeux encore plus humides que les miens, il est très touché de notre geste. Mais il est également assez inquiet

---

1. « Merci, merci, les grandes sœurs ! Dieu vous bénisse ! »

pour nous et propose de nous raccompagner à l'entrée du *slum*[1].

Je me retourne une dernière fois : personne. Je jurerais pourtant que quelqu'un nous suit discrètement, je n'aime pas ça du tout, du tout.

– Divine, je crois que nous sommes suivies…

– Pourquoi dis-tu ça ? Il y a plein d'animaux errants ici, ce n'est pas la peine de se rajouter des peurs imaginaires, c'est assez effrayant comme ça ! Et puis une Blanche ici, ce n'est pas courant, il ne faut pas s'étonner d'être la curiosité de la journée.

Nous reprenons le chemin en sens inverse. À l'emplacement des joueurs de cartes, il n'y a plus personne, plus aucune trace d'eux à part les cadavres de bouteilles de leur rhum local, le Tanduay, que papa utilise à la maison comme décapant… Finalement, le frère d'Antoy, voyant que nous sommes presque arrivées et considérant sans doute que le danger est moindre jusqu'à la sortie, décide sous l'emprise soudaine de ce que l'on appelle le « flegme philippin » de nous laisser là. Il se passe une minute, durant laquelle j'ai l'impression d'être seule avec Divine dans ce bidonville tentaculaire… Je regarde ma montre : cela fait déjà trois heures que nous déambulons dans cet enfer… Nous continuons doucement, comme si la délivrance approchait : sortir vivantes de ce trou inhumain et glauque suintant la pauvreté et le danger. Nous apercevons une petite lumière au bout du tunnel de ce bidonville, au sens propre. Ne dit-on pas que « le meilleur est pour la fin » ?

Mais parfois aussi « le pire reste à venir »…

---

1. « Taudis, quartier pauvre » en anglais.

Perdues

Dimanche 17 mars, plus tard dans la nuit, SOS

Je reprends connaissance, une barre dans la tête et la sensation étrange d'être ballottée. Voyant que je me réveille, l'homme qui me porte me repose par terre et me tire pour que je marche derrière lui. Divine est traînée par un autre, elle est en pleurs. Nous sommes emmenées de force dans le labyrinthe du bidonville par des types violents qui nous ont capturées alors que nous allions en ressortir. Combien de temps sommes-nous restées inconscientes ? Où sommes-nous maintenant ? Il y a des rats, ils sont plus de dix à galoper autour de nous à la recherche de nourriture, noirs comme du charbon et gras comme des lapins de garenne ! Monstrueux !

– Jade ! Fais attention à ne pas poser les pieds dans les flaques d'eau ! C'est plein de pisse de rats d'égout, si tu as une égratignure aux pieds, tu peux mourir infectée !

– Mais je suis en tongs !

– Justement, fais attention !

J'aurais préféré ne rien savoir. Nous continuons à avancer, bousculées par ces ravisseurs brutaux, vers un destin qui s'assombrit à chaque pas. Nous arrivons en face d'une porte faite d'un épais bois moisi. Ils nous balancent comme des paquets à l'intérieur d'une pièce microscopique, humide et sombre, nous attachent à des chaises et nous enferment sans explications. Abandonnées à notre sort, nous n'entendons plus que le brouhaha d'un bidonville du bout du monde, où Dieu seul sait ce qu'il adviendra des deux jeunes filles naïves et insouciantes que nous sommes…

Nous restons silencieuses un bon moment, haletantes. Divine s'est un peu blessée à l'épaule droite quand ils l'ont jetée par terre ; pour ma part, je crois qu'ils m'ont tordu le poignet.

– Divine ?

– Ou… oui ?

– Tu as compris ce qu'ils disaient ?

– Malheureusement oui. Ils se demandaient ce qu'ils pouvaient faire de nous. Ils n'ont pas décidé, je crois…

– Ils veulent de l'argent ?

– Peut-être… Ils semblent chercher comment tirer le meilleur profit de notre captivité. Pour eux, nous sommes un gain d'argent potentiel… On peut espérer qu'ils ne se débarrasseront pas de nous… Mais ils ont peur, car ils savent que nous serons recherchées.

– Qu'allons-nous faire, Divine ? Je suis tellement désolée de t'avoir embarquée dans mes idées à la noix !

– Non, tu n'y es pour rien, ton idée partait du cœur…

– …

Un silence pesant s'installe entre nous durant plusieurs minutes. Les parents ne savent pas où nous sommes, ils vont s'inquiéter… Ça pue, il fait noir, j'ai mal, Divine saigne… *HEEEEELP !*

Je ferme les yeux. Il faut que je me concentre, il faut que je trouve une solution pour nous sortir de là, un plan, quelque chose… S'il te plaît, Jésus, une idée…

Bip bip, bip bip !

– Que… ? Mon portable !

– Ils ne te l'ont pas pris ?

– Non ! (Merci, Jésus.) Ils ne l'ont pas trouvé en me fouillant car mon jean a plusieurs poches cachées à l'intérieur.

Il vibre, ça doit être les parents. Nous sommes attachées dos à dos et mon portable se trouve dans l'une des sous-poches de mon pantalon, une création de la maman de Debjani. Merci, Âbha, de m'avoir offert ce jean design multipoches !

– Essaie de l'attraper avec ta main gauche !

– Je n'y arrive pas ! Attends, recule et essaie de donner une impulsion avec tes pieds !

– Je voudrais bien, mais la chaise est trop lourde !

– Encore !

En un coup de talon sec donné sur le sol, j'arrive à reculer suffisamment pour que Divine puisse atteindre la poche de côté où se trouve mon portable, qui a cessé de sonner…

– C'est bon, je l'ai !

– Super, maintenant il faut que tu arrives à t'en servir malgré tes mains attachées dans le dos… Je vais te guider. Le dernier numéro que j'ai appelé aujourd'hui, ça doit être papa… Mais… il est hors de question de…

Plutôt mourir que de prévenir les parents !

– Je connais par cœur le numéro de Jun, me répond Divine, je peux essayer de repérer les touches et de taper son numéro, ensuite on parlera fort !

Divine s'exécute et réussit au bout de plusieurs tentatives à entrer le numéro de Jun. En me tordant le cou, je jette un rapide coup d'œil sur l'écran du portable, dans mon dos… Ça marche !

– Allô ?

– Allô ! Jun, c'est Divine et Jade ! On a été enlevées ! Près du lieu du *feeding program*, Nyia Road, par un gang ! Au secours ! Appelle la police, on est avec des types dangereux.

Le stress me fait parler sans discontinuer et Divine renchérit en tagalog. Nous essayons de faire comprendre à Jun qu'il faut qu'il appelle de l'aide.

Quand nous nous taisons, nous l'entendons dire :

– Allô ? Je n'entends rien, c'est qui ? Allô ?

Tut-tut-tut...

Il a raccroché... En plus je suis toujours en numéro caché ici, il ne peut pas savoir qui a appelé...

– Ça ne capte pas ici !

– Recommence, parle plus doucement et distinctement.

Divine recompose le numéro :

– Allô ?

– JUN !

– Oui ?

– C'est Divine et Jade, tu nous entends ?

– Mal. C'est vous qui...

– Écoute : on a été enlevées, on est à Quezon City près de la Nyia Road où se trouvent les enfants du *feeding program*... On ne sait pas où précisément, mais nous sommes en danger, appelle la police ou alors des gens d'associations humanitaires pour qu'ils viennent nous chercher !

– QUOI ? Mais vous êtes tarées ou quoi ? Faut être débile pour faire ça ! Divine ! Tu réalises ? Nan, allez... Si c'est une blague, elle est très mauvaise.

– JUN !!! TAIS-TOI, c'est pas le moment de faire la morale, MERDE ! ÉCOUTE-MOI, NOM D'UN CHIEN !

– APPELLE LA POLICE ET AUSSI LE PÈRE ALEX ! Il faut qu'il appelle père Alex du *feeding* !

Je hurle cette dernière idée qui m'apparaît comme une révélation, notre planche de salut.

– OUI ! JUN ! Fais ce qu'on te dit, contacte le père Alex, au *feeding program*, il saura quoi faire, il connaît ici ! Trouve son numéro sur Internet ! On compte sur toi !

J'entends avec terreur les voix de nos ravisseurs qui se rapprochent ! Je me mets à chuchoter pour ne pas me faire entendre d'eux :

– Juuuuun… Viiiite, ils reviennent !

– Jun ! Je laisse le téléphone connecté pour que tu puisses nous tenir au courant !

– QUOI ?

– VIIIITE ! Ils vont entrer !

– OK !

On entend Jun de loin qui s'affaire, puis il crie dans le téléphone :

– J'ai trouvé !

D'un coup, la porte s'ouvre violemment et quatre Philippins cagoulés et armés de couteaux entrent en hurlant. Ils arrachent à Divine le téléphone, qu'ils écrasent du pied, puis ils la giflent en retour : trop tard…

Quant à moi, je me retrouve à genoux… Mon poignet me fait atrocement souffrir, je viens de retomber dessus, la chaise encore attachée à mon corps… Divine est secouée dans tous les sens par l'un des types qui lui crie dessus. Elle tente de répondre mais dès qu'elle ouvre la bouche le gars la gifle. Ils finissent par nous bâillonner avant de nous assommer de nouveau…

Ça brûle !

Lundi 18 mars, 2 heures du matin, première trahison

– *Sir Courtalys, sir Courtalys !*

– Maria ? Il est 2 heures du matin ! Nous dormons !

– Pardon… Pardon… mais… *God !* Besoin aide ! Un feu dans bidonville de ma sœur et mes enfants sont là-bas !

– Mon Dieu ! C'est lequel ?

– C'est à Nyia !

– À Nyia ! Oh non ! C'est le bidonville du projet « Water for all ». Tu es sûre, Maria ?

– Oui, elle téléphoner à moi, les pompiers prévenus !

– Quel idiot : j'ai cinq messages du bureau, je n'ai rien entendu !

– Monsieur, feu se propager rapidement, vous agir vite *please* !

– Oui, oui… Attends, j'écoute : on ne sait pas si c'est un accident… il se propage très vite… les canalisations sont en train de fondre… Bon, j'écouterai les autres plus tard, je file au bureau, Maria, venez avec moi !

– Que se passe-t-il, chéri ?

– Hooo, ma'am… Un feu chez ma sœur…

– Mon Dieu, Maria ! Je peux t'aider ?

– Chérie, rendors-toi ! Je dois partir avec Maria ! Je t'appelle dès que j'en sais plus.

– Tu me fais peur, chéri !

– Ne t'inquiète pas, Jade est en sécurité chez Divine, elle habite de l'autre côté de la ville, loin de la zone sinistrée, et la route jusqu'à son lycée ne passe pas par Nyia ! Et Thomas est là. Tout va bien ! Il a cours à 9 heures demain, je crois, Boong va l'emmener à l'école. Surtout, ne leur dis rien !

– Oui… Oui…

Thomas, réveillé par les cris de Maria, écoute à la porte et entend ses parents. « Jade voulait aller au bidonville aujourd'hui, je crois, se dit-il, j'ai entendu Divine lui chuchoter cette idée à l'oreille… » Inquiet, il décide de lui envoyer un message pour savoir si elle est bien rentrée chez Divine. Son père s'en va précipitamment, ça a l'air vraiment tendu. Il faut qu'il raconte à Jade ce qui se passe. En même temps, Jade lui cache visiblement des choses, alors qu'ils s'étaient juré de tout se dire… Il lui demandera simplement si elle va bien. Après avoir attendu éveillé plus de trente minutes, pas de nouvelles ni d'accusé de réception : Jade doit déjà dormir, et c'est pour cela qu'elle a éteint son portable. De toute façon, s'il y a un feu là-bas, elle ne s'y est sûrement pas rendue… Elle est folle mais pas bête, cette sœur ! Et finalement, un peu vexé, il s'endort sur ce sentiment en éteignant son téléphone.

– Mon chéri !

– Bonjour, maman…

– Bonjour, mon fils, lève-toi ! Je dois partir pour la journée avec mes amies, je t'ai préparé ton petit déjeuner car Maria n'est pas là aujourd'hui… Jim va t'emmener à l'école dans une heure, Boong n'est pas venu ce matin et papa est déjà au travail. OK ?

– Mmm… OK, m'man ! Bisous !

– Bisous, mon chéri, et embrasse ta sœur quand tu la croiseras à l'école !

Ma sœur… Ma sœur… !

Thomas se souvient et rallume son téléphone. Aucune réponse de Jade, ce n'est vraiment pas normal : Jade répond toujours à ses textos. Il est 7 h 30 et Jade commence les cours à 8 heures. « Je vais appeler l'école à 8 h 10 pour vérifier qu'elle y est bien. » Un petit tour sur Facebook pour voir si elle a actualisé son mur… Rien. Thomas trépigne en attendant 8 heures, il prend une douche rapide et avale un bol de céréales avec lequel il manque de s'étouffer, quand Jim entre dans la cuisine.

– *Sir Thomas ?*

Thomas le dévisage sans un mot.

– Je suis dehors, départ pour l'école dans trente minutes, c'est moi qui conduis, Boong n'est pas là !

– Oui je… je sais…

Brrrr… Thomas non plus n'apprécie pas ce Jim lugubre.

Le numéro du lycée est sur le frigo. Huit heures quinze, les cours de Jade ont commencé, elle doit donc avoir signé le registre à l'accueil, c'est obligatoire.

– Bonjour, madame, est-ce que Jade Courtalys est arrivée à l'école, il y avait des embouteillages ce matin…

– Mmm, attendez, Courtalys, Courtalys…

Pitié !

– Ah, Cour… ah non, Couraldino… Courtalys… Courtalys…

Allez !

– Non ! Il n'y a pas sa signature. Elle n'est pas arrivée. Sera-t-elle absente toute la journée ?

Thomas ne laisse pas son interlocutrice finir :

– Euh... Et Divine Medalla ?

– Medalla... Medalla... Non plus !

Mon Dieu... Thomas raccroche sans même dire au revoir. Jade n'est pas en cours et Divine non plus... Pas de réponse à ses messages... C'est sûr, il se passe quelque chose !

Il rassemble quelques affaires dont un couteau suisse, celui qu'il utilisait chez les louveteaux, des gâteaux à la noix de coco, des crayons, des feutres et une corde. Il n'oublie pas son chapeau et son chèche, Indiana Jones en porte toujours un quand il part à l'aventure ! Fin prêt, il cache ses affaires dans un sac et sort. Avant de passer la porte, il chipe deux mille pesos, environ trente-cinq euros, dans le vide-poche de l'entrée afin de pouvoir se débrouiller et payer les transports.

Il va maintenant falloir berner les autres, faire semblant d'aller en cours avant de s'échapper.

Thomas grimpe dans le 4 × 4. Il se souvient qu'hier matin Boong était étrangement nerveux et qu'il n'arrêtait pas de parler tout bas au téléphone... « Pourvu que rien ne lui soit arrivé à lui non plus », se dit-il.

En arrivant, Thomas se rapproche de ses camarades regroupés devant l'école, et Jim repart dans la direction inverse. Thomas entre sous le porche avec ses copains, puis il prétend devoir passer à l'accueil pour récupérer un papier et se sépare d'eux :

– Hé, dites aux profs que j'arrive ! J'en ai peut-être pour un moment !

– OK ! Grouille !

Il en profite pour signer la feuille de présence à l'accueil, comme ça il a au moins la matinée de libre. Personne ne le regarde, il ressort en trombe et se cache derrière une poubelle. Il attend là un petit moment avant de se décider à grimper dans un *jeepney*. Il ne sait pas où celui-ci se rend, mais au moins il s'éloigne de l'école.

Thomas se sent pousser des ailes et plus rien ne peut l'arrêter : il va sauver Jade, ni plus ni moins ! Il ne faut pas qu'il se fasse remarquer, il file vers la route. La zone est dangereuse. Fort heureusement, Thomas a grandi et, étant blanc, les Philippins ne savent pas trop lui donner d'âge. Ainsi, en rendant sa voix plus grave, Thomas donne sa direction et le chauffeur s'exécute.

– Monsieur, c'est grand danger à Nyia ! Il y a feu là-bas ! Moi vous déposer avant, au Quezon Circle… Moi pas aller à Nyia.

– Le feu ?

Thomas réfléchit. Il trouvera bien un moyen de s'y rendre seul, mais espère secrètement qu'ils auront réussi à éteindre le feu depuis cette nuit. De toute façon il n'a pas le choix, Jade a besoin de secours, c'est sûr.

– Moi vous laisser là, *sir* ? Sinon plus cher, danger !

Thomas regarde dans son porte-monnaie : il n'a pas pris assez et va donc devoir continuer à pied.

– C'est où, le bidonville de Nyia ?

– Là-bas, quatre kilomètres, suivre fleuve vers soleil.

Quatre kilomètres… Bon, Thomas n'a pas le choix. Il entame son chemin la tête pleine d'images d'aventures et de héros : aujourd'hui, le soldat vainqueur, c'est lui. Enfin, c'est ce qu'il aime à se dire pour se rassurer car il commence vraiment à avoir la trouille. Il marche au soleil pendant plus d'une heure. Sur son chemin, les gens le regardent de plus en plus bizarrement, c'est gênant, il se sent de moins en moins serein. « Je vais peut-être faire demi-tour », se dit-il… Les regards sont différents ici, plus sombres, moins souriants. Il y a des enfants qui gambadent en traversant les routes sans regarder, ils risquent de se faire renverser chaque fois par de gros camions. Beaucoup se jettent sur lui pour lui demander de l'argent, mais il n'en a presque plus ! Thomas se dit qu'il aurait mieux fait de prévoir plus. Il commence à avoir très soif, puis faim… Il sort son paquet de gâteaux, l'ouvre, mais à peine en a-t-il croqué un que tous les enfants du quartier se ruent sur lui… En un rien de temps il ne lui en reste plus une miette ! Il n'a plus que quelques pesos en poche pour s'acheter de quoi grignoter, il entre dans une toute petite boutique qui pue le poisson pas frais : normal, il y en a plein qui sèchent sous le soleil, et de la viande est accrochée sur la devanture, pouah !

Le vendeur le regarde, les yeux écarquillés :

– Qu'est-ce que tu veux, tu es si blanc ?!

– J'ai dix pesos. Je voudrais à manger, s'il te plaît, et un verre d'eau.

– Tiens, une brochette de poulet, un gâteau à la noix de coco et de l'eau… Mais entre, tu as l'air perdu, que fais-tu ici, c'est très dangereux. En plus il y a eu un grand feu la nuit passée pas loin d'ici, c'est le désastre !

Thomas raconte au vendeur du magasin son histoire et la raison de sa présence. Celui-ci, touché, essaie de l'encourager mais lui fait aussi des remontrances. Les voyant discuter, plusieurs Philippins du quartier se sont approchés et écoutent avec attention ce que raconte Thomas, qui mélange des gestes, du français, et un peu d'anglais et de tagalog appris à l'école.

Les enfants des alentours se réunissent, les parents, tout le monde veut inviter Thomas à partager la *merienda*. Ils sont tellement insistants qu'il n'a pas le choix. Il pénètre dans l'arrière-boutique qui donne sur une toute petite ruelle, dans laquelle tous les enfants se faufilent comme des serpents. C'est comme des égouts sombres et sans fin, ça fait très peur ! Mais Thomas ne peut plus reculer, il avance avec les gens. Au bout de plusieurs minutes de marche, il pénètre avec quatre enfants proches de lui en âge dans une toute petite cabane. Celle-ci est perchée au-dessus de sortes de poulaillers où des coqs privés de lumière hurlent continuellement le lever du soleil.

Au pied de l'échelle, qui monte vers l'habitation rudimentaire de cette famille plus que nombreuse, cuit une gigantesque marmite de riz. Il y en a pour un régiment !

Un sixième *anak*, c'est comme ça qu'on appelle les enfants ici, arrive accompagné d'une femme. Elle porte, à bout de bras, deux bouteilles de soda et plusieurs brochettes de bananes frites.

– Vous vivez à combien là-dedans ?

– Nous être beaucoup ! Six enfants, deux cousins et parents. Il y a aussi grand-mère, dormir là-haut.

Thomas remarque un renfoncement dans le coin supérieur droit de la pièce, où semble en effet dormir une personne. Ses pieds tout ridés dépassent de l'espace et il peut entendre un léger ronflement. Dans un hamac de fortune suspendu par des cintres accrochés au plafond de tôle, un tout petit bébé dort. Il fait quarante-cinq degrés dans la minipièce tant le soleil tape sur le toit métallique. C'est une fournaise et Thomas transpire comme s'il avait joué au foot pendant trois heures. Il y a plusieurs matelas entassés sous la table du « coin cuisine ». Thomas se souvient de la classe maternelle où chaque coin représentait une pièce de la maison : le coin cuisine, le coin salle de bains, le coin dodo… Ici, c'est pareil mais en dix fois plus petit, et le coin salle de bains n'est autre qu'une grande bassine verte posée dehors et que se partagent plusieurs familles. Ils vivent tous entassés, c'est inimaginable si on ne le voit pas de ses propres yeux ! Ils utilisent des gobelets pour se verser l'eau sur le corps et se rincer. Cette bassine sert aussi à laver le linge et la vaisselle avec le seul tuyau d'eau du quartier, expliquent les enfants…

La maman de la famille arrive en dernier. Elle est très étonnée de voir Thomas parmi eux. Ses enfants lui racontent son histoire. Elle le regarde ébahie et commence à parler à ses enfants avec une certaine autorité. Ils expliquent à Thomas :

– Toi devoir appeler parents à toi. Maman pas vouloir avoir problème… Toi devoir rentrer maintenant… Beaucoup danger ici…

Ils ont raison et Thomas a eu bien trop peur pour trouver le courage de continuer. Il va appeler à la maison pour qu'on vienne le chercher.

Remerciant ses hôtes, il prend son téléphone et tapote le numéro de son père en tremblant. Il sait que ça va barder, mais il n'a pas le choix, là il veut juste rentrer chez lui, quitte à être privé de Playstation durant un an…

– Allô… Papa… ?

– Toto ?!

– Papa… Tu peux venir me chercher… Je… Je suis… dans un bidonville…

– QUOI ?

Thomas raconte sa fuite, il bafouille et ce qu'il dit est sans queue ni tête, mais il ne dit rien sur Jade… Elle va le haïr s'il ouvre la bouche… Le père de Thomas hurle dans le téléphone.

– Je ne comprends rien ! Mais pourquoi as-tu fait ça ? Mais ce n'est pas possible ! Mais quelle journée !

– …

Thomas reste muet comme une carpe, ce serait pire d'essayer de se défendre. Il veut juste qu'on vienne le chercher.

– Je t'envoie Jim, car Boong n'est pas joignable… Je ne sais pas ce qu'il fait d'ailleurs…

– Oh nan… Pas Jim !

– Hé ho ! Tu vas obéir sans broncher, ou je vais vraiment m'énerver ! Tu restes où tu es et tu attends Jim ! Donne-moi le nom de la grande rue la plus proche, demande aux gens qui sont avec toi !

– Euh… C'est Arequipa Road…

– OK. Jim arrive, tu vas sur cette route et après TU NE BOUGES PLUS ! Moi je rentre aussi, on va discuter !

– Oui, papa…

Les enfants du bidonville regardent Thomas qui s'est décomposé. Il leur demande de le raccompagner sur la grande route.

Une heure après, Thomas reconnaît le 4 × 4 conduit par Jim qui s'arrête devant lui. La porte automatique de derrière s'ouvre et Thomas s'y engouffre en silence. Jim ne dit rien et repart en roulant aussi vite qu'un pilote de formule 1.

En arrivant à la maison, Thomas voit son père assis sur le perron, la tête enfouie dans ses mains. Il n'a pas l'air bien :

– Papa…

– Ah, te voilà…

Il semble désemparé. Thomas, qui s'attendait à se faire hurler dessus de nouveau, ne comprend pas ce changement d'humeur. Son père est blanc comme s'il avait vu un fantôme. Il ne réagit pas, alors Thomas va dans l'entrée et remarque une enveloppe déchirée sur la commode, avec une feuille qui traîne par terre… Il lit ce qui est écrit. Il comprend maintenant pourquoi son père est livide. Des lettres de toutes formes et de toutes couleurs, découpées dans des journaux, parsèment le bout de papier :

Vous avez voulu nuire à notre gang. Vous allez payer :
nous gardons votre fille captive et son amie
jusqu'à ce que vous payez rançon !
Demandons 3 millions de pesos !
Si vous refusez, vous ne reverrez plus Jade et son amie !
Gang 5X

– Non !

Tant pis pour la promesse faite à Jade de ne rien révéler aux parents. Il va tout raconter à son père.

– Papa… Je…

Le téléphone de la maison sonne et son père le bouscule en se ruant pour répondre.

Un feu libérateur

Lundi 18 mars, ailleurs, 2 heures du matin, serait-ce la fin ?

Je reprends connaissance, je ne sais combien de temps après, avec un nouveau mal de tête épouvantable. Nous sommes très amochées toutes les deux, on a dû recevoir de sacrés coups. Des croûtes de sang parsèment nos visages et nos membres. Je regarde Divine qui semble encore évanouie, sa tête est pendante, ses épaules courbées.

Je ne peux pas l'appeler, je suis bâillonnée et nous sommes toujours enchaînées à nos chaises. Nos pieds baignent dans une flaque d'eau croupie : je repense à la mise en garde de Divine et prie pour n'avoir aucune écorchure aux pieds… Ça empeste le moisi et la tôle de la cabane est brûlante, je transpire comme jamais. Les douleurs que je ressens sont nouvelles pour moi… Je ne pensais pas que le corps pouvait autant faire souffrir…

Un homme m'arrache violemment mon bâillon. Je souffle quelques mots avec le peu de force que je trouve :

– Arrêtez ! Vous allez nous tuer…

– SILENCE !!!

Une main que je ne distingue pas encore me gifle violemment. L'image de cette main tatouée reste imprimée dans ma tête… Ça y est, la fatigue me fait délirer… mais ces tatouages sur la main de cet inconnu, j'ai l'impression de les avoir déjà vus quelque part…

Divine, complètement sonnée, tente de discuter mais se retrouve jetée à terre aussi sec, toujours accrochée à sa chaise. C'est terrible… Que fait-on là, dans cette ruelle de misère, entourées de types cagoulés et violents ? J'ai senti le danger en m'enfonçant dans ce labyrinthe… Quand Boong a refusé de nous déposer à l'endroit exact, nous aurions dû rebrousser chemin, au lieu de terminer à pied pour retrouver Antoy. Quelle erreur ! Tout ça pour apporter un savon à un enfant, je suis vraiment inconsciente…

Ils ressortent enfin de notre espèce de placard et nous nous retrouvons seules dans la pénombre. Je commence à avoir des frissons, la fatigue et l'humidité sont pesantes et les odeurs sont lourdes : il y a comme un mélange de friture, de moisissure, de saleté et d'eau croupie, l'odeur de la misère…

C'est terrifiant d'être ici. Qui pourrait croire qu'un tel endroit existe et surtout que tant de gens y vivent… enfin, y survivent plutôt. Au-dehors, j'entends des cris, des pleurs, des gémissements, mais je perçois aussi des rires, des exclamations hilares et des chants : c'est étrange, ce mélange entre pauvreté absolue et joie de vivre… Comment font ces gens pour rester joyeux en ayant les deux pieds dans la misère ? Être ensemble semble une chose primordiale pour eux.

– Divine ?

– Oui ?

– Tu as compris quelque chose à ce qu'ils disaient ?

– Oui, le peu de temps où j'étais consciente… Ils hésitent sur notre sort… Ils ont parlé de rançon, je crois. Peut-être vont-ils demander à nos familles de payer contre notre libération… J'ai peur, Jade !

– Divine ! Quoi d'autre ?

– Je ne sais pas… Ils ont aussi parlé d'un rendez-vous… Au premier parking souterrain du centre commercial Mall of Asia… Ils parlaient de mardi matin, je crois… Je ne me souviens plus bien… Et maintenant, on fait quoi ?

– Je ne sais pas… Il faut croiser les doigts pour que Jun réagisse vite et prévienne le plus de monde possible, les parents, le père Alex… Je ne sais pas…

Mais Divine est très secouée et reste difficilement éveillée… Je continue de lui parler :

– Ça te dit de faire une prière plutôt que de croiser les doigts ?

– Moui… oui… bonne idée, il ne nous reste que ça de toute façon…

Et elle fond en larmes.

Je veux me persuader que nous allons nous en sortir. Je garde confiance, je garde confiance, je garde confiance…

– Seigneur, pitié, aide-nous… Fais que nous sortions vivantes de ce trou… Envoie-nous nos anges gardiens afin qu'ils nous protègent… Et…

– Que ta volonté soit faite.

– Amen !

Oui ! « Que le meilleur se fasse… » Je ne peux m'empêcher d'ajouter cette phrase que maman ne cesse de répéter comme un mantra.

L'attente s'éternisant, nous finissons par nous assoupir, la tête tombante, harassées par l'angoisse, la douleur, la peur…

BRRRRRRR BAAAAAAAAAAANG !

En une fraction de seconde, je suis réveillée, projetée contre la plaque de tôle qui sert de mur. Divine tombe sur moi. La violence du choc a été telle qu'elle nous a libérées de nos chaises…

Nous entendons dehors des hurlements et des bruits de foule paniquée. Ça s'agite en moi aussi : mon cœur s'emballe, mon sang tambourine dans mes tempes et une centaine de nœuds se nouent dans mon estomac…

Ça sent le brûlé, il commence à faire chaud comme dans un four ! Je reprends mes esprits peu à peu. Mon poignet… il est si douloureux que j'en pleure. Mais il ne faut pas que je m'effondre, on doit réagir, et vite :

– Divine ! Nous sommes détachées ! Allez, il faut sortir d'ici au plus vite !

– Oui… Mais ma tête et mon pied me font hyper mal…

Je la vois tourner de l'œil et j'ai le réflexe de la gifler avec ma main valide pour la faire revenir à elle. Mon Dieu, aidez-nous, faites que nous nous en sortions.

– Tiens bon ! Il faut qu'on se taille !

– Oui… oui…

Dans un élan, je la relève en la tirant par son tee-shirt. Nous nous extirpons de notre prison en cachant un peu notre visage, pour éviter d'être reconnues par nos ravisseurs. Mais il semble qu'il n'y a plus personne dans le quartier…

– Que se passe-t-il, bon sang ?!

– Où sont-ils tous passés ?

– Et ça pue le cramé !

– Regarde, les gens courent là-bas ! Et même les animaux s'enfuient…

– Divine ! Il y a le feu !

Des rats, des chats, des chiens, des cafards géants fuient dans la même direction… La chaleur est accablante… Nous sommes au cœur d'un bidonville en flammes, un amas de cartons et de toiles qui vont flamber en moins de temps qu'il n'en faut pour le dire ! Si nous ne déguerpissons pas tout de suite, nous allons finir rôties…

Il fait trop chaud… Je commence à m'essouffler et Divine traîne la jambe en respirant de plus en plus fort. C'est dur, mes poumons se compriment…

– Divine… Je ne peux plus respirer, je vois flou, je, je…

Un flash blanc dans mes yeux me jette à terre… Je suffoque… Je ne peux plus rien faire… Au secours !

Je suis dans ce champ qui ressemble à celui à côté de chez Mouna et Bon Pap'. Je suis assise dans l'herbe et je fixe cette silhouette masculine au loin qui s'approche mais je ne reconnais pas son visage. Elle s'approche encore, et encore. Je suis très fatiguée et mes yeux se troublent… Il ne faut pas que je m'endorme, mais c'est trop dur ! La silhouette est toute proche maintenant, elle marche vite vers moi, elle court presque, mais elle est à contre-jour, je ne peux pas savoir de qui il s'agit. Elle s'approche encore et je me sens soulevée par elle, comme un sac de pommes de terre et puis… plus rien.

Retrouvailles inattendues

Lundi 18 mars,
confessions peu intimes...

– Où suis-je ?

Je tousse comme une tuberculeuse en me réveillant, j'ai terriblement mal à la gorge. Je regarde autour de moi : le lieu m'est familier, je suis sûre d'y être déjà venue. Père Alex entre dans la petite pièce où je me trouve.

– Père Alex !

Je suis donc au centre du *feeding program* ! Les événements me reviennent en mémoire : Antoy, les savons, le bidonville, l'enlèvement, les coups... le feu... Je suis donc en vie, merci, mon Dieu !

– Bonjour, folle aventurière, ça va mieux ? Ça fait huit heures que tu dors. On a soigné tes plaies... Ta copine Divine est à l'hôpital, elle avait une sacrée plaie sur la tête et il fallait la recoudre proprement.

– Elle va bien ?

– Oui, elle est bien prise en charge. Nous appellerons l'hôpital plus tard pour avoir des nouvelles.

– Quelle heure est-il ?

– Nous sommes lundi et il est midi passé. Après l'appel de votre copain Jun, on vous a récupérées toutes les deux ce matin tôt dans le squat de Nyia en flammes.

Je suis complètement sonnée et j'ai atrocement mal au poignet, sur lequel je découvre un gros bandage. J'ai mal partout en fait…

Me voyant plutôt bien réveillée, le ton affectueux de père Alex se teinte rapidement de colère :

– Qu'est-ce qui vous a pris de vous rendre seules dans le bidonville ? Vous êtes des miraculées, tu sais ! Quand Jun nous a appelés pour qu'on aille vous chercher là-bas, on était sidérés… Si j'étais ton père, je te donnerais la correction de ta vie ! Heureusement que Gaspard était sur place pour vous sortir de là, avec les pompiers ! Et qu'on a pu soigner vite vos blessures avant qu'elles ne s'infectent : tu as le poignet cassé, ton amie a une grosse entorse à la cheville en plus de sa blessure à la tête, et vous avez des brûlures un peu partout… Sous prétexte que l'on vient d'Europe et que l'on veut sauver le monde, on se prend pour Wonder Woman ? Non, vraiment ça ne va pas…

Je me tais, de toute façon, je vais la prendre la correction de ma vie. Mais c'est qui, ce Gaspard ?

– Il y a eu un terrible feu dans le bidonville de Nyia hier, un feu dont nous ne connaissons pas encore l'origine et qui a détruit toute la moitié est et sud du bidonville. Heureusement que votre ami Jun m'a téléphoné pour me dire que vous étiez dans le pétrin à Nyia et que vous aviez besoin d'aide. Il n'a pas réussi à avoir ton père cette nuit et lui a laissé un message. Je l'ai rappelé ce matin et il arrive.

– Papa ? Il arrive ?

– Oui.

D'un côté, je ne pouvais espérer mieux, de l'autre… Je vais passer un mauvais quart d'heure… Pas grave, à côté de ce que j'ai vécu…

– Comment vont les gens du bidonville, mon père ?

– Il y a des morts et des disparus. Les autres ont tout perdu.

Des morts ? Antoy ? Père Alex reprend sans me laisser le temps de réagir :

– C'est dramatique et la situation sanitaire est critique… Mais que faisiez-vous là-bas, bon sang ? Tu te rends compte que vous aussi vous auriez pu mourir brûlées ou asphyxiées ? Heureusement que ton papa travaille sur l'acheminement des eaux dans le bidonville de Nyia, sans quoi toute la partie ouest aurait également flambé !

– Vous connaissez papa, père Alex ? Il travaille pour le bidonville de Nyia ?!

– Oui, mais tout cela est secret… enfin, l'était ! Ton père est très courageux, il a pris de grands risques en luttant contre les gangs qui détournent les eaux afin de la revendre très chère aux habitants des bidonvilles. C'est la même chose avec tout ici, l'électricité, la nourriture… Ton père travaille contre ces gangs qui se font de l'argent sur le dos des pauvres… Et ça, ils n'aiment pas du tout ! Les nouvelles canalisations, installées sur les ordres de ton papa, ont permis de bloquer la propagation du feu et d'acheminer rapidement assez d'eau pour éteindre le reste…

– C'est vrai ?! Mais… vous saviez que j'étais sa fille depuis le début et vous ne lui avez rien dit ?

– Non. J'ai réalisé cela quand ton copain Jun m'a téléphoné pour que je vous sorte de là, il a dû me donner vos noms… Je ne me serais jamais permis de te laisser venir sans l'accord de ton père : je le respecte trop et je n'aime pas le mensonge.

Je rougis. J'ai honte tout à coup, honte d'avoir menti à plusieurs reprises à mes parents alors qu'ils me font une entière confiance, honte d'avoir pensé que papa était un riche bénéficiaire de la mode humanitaire alors qu'il fait humblement un boulot extraordinaire… Tandis que je fais le bilan de ma médiocrité, le visage adorable d'Antoy me revient en tête :

– Et les enfants ? Comment vont les enfants ? Où est Antoy ?

– On n'a aucune nouvelle d'Antoy, on espère qu'il est à l'infirmerie de Quezon avec les autres rescapés, mais le risque qu'il ne s'en soit pas sorti est réel : il habite dans la partie est du squat, là où le feu a été le plus destructeur. Il faut te préparer au pire, Jade. Ça arrive bien trop souvent ici…

– Oh non !

– Il nous reste toujours la prière et nos bras pour reconstruire.

– Oui…

Les larmes me montent aux yeux. C'est horrible, mon Antoy, mon petit canard… Non, ce n'est pas possible, il est vivant, je le sais, je le sens ! Et dire que d'autres enfants ont péri, que des familles entières sont blessées, décimées ! Mon Dieu ! Pourquoi ? Y a-t-il vraiment une bonne raison à ce genre de drame ?

Quand je pense que ce feu infernal nous a sauvées, Divine et moi… Dieu seul sait ce qui nous serait arrivé entre les mains de ces malfrats… Merci, mon Dieu, de nous avoir sauvées… Mais toutes ces personnes qui ont perdu leur famille, leur toit, leur espoir, alors que moi je suis là en vie…

– Père Alex ?

– Oui ?

– Vous savez, nous voulions seulement donner à Antoy des savons contre la gale, ça faisait trois mois que je…

– Mais pourquoi ne m'avez-vous pas demandé ? C'est ridicule de se croire au-dessus de tout comme ça ! Les gens des bidonvilles ne sont pas tous bienveillants, vous auriez pu avoir bien d'autres problèmes ! Même si cela partait de la meilleure intention… Il faut toujours regarder l'autre avant de vouloir agir par soi-même, Jade. Tu vas tout me raconter, OK ? Une enquête sera menée et vu que vous avez été au cœur de l'incendie, votre témoignage a son importance.

– Il faut d'abord que vous sachiez que si Jun vous a appelé au secours, c'est parce que nous étions retenues prisonnières par des hommes, peut-être d'un gang, ils ont des tatouages avec les lettres X…

– Le gang des 5X ?!

– Oui, ça doit être ça… Ce sont eux qui nous ont blessées et frappées…

– Enlevées, frappées ? Vos blessures ne sont pas dues au feu ?

– Non, mon père… Après avoir quitté Antoy, quatre types nous ont attrapées, bousculées, frappées puis attachées, chacune sur une chaise dans une pièce fermée à clé… Et…

Je n'arrive plus à parler, ma gorge se noue… Le père reprend :

– Ton père m'avait parlé de ses inquiétudes concernant sa sécurité, il sentait qu'il ne se faisait pas que des amis, mais il aurait dû se douter que ces gangs s'attaqueraient aux plus faibles : les enfants de leurs ennemis par exemple, leur famille… Ce sont des lâches, comme la plupart des mauvaises personnes…

Une image me revient soudain et me frappe comme un coup de poing… Le tatouage sur la main des ravisseurs, c'est le même que celui de Boong !

– BOONG ! Il est des leurs ! Il a le même tatouage !

– Jade ? Je ne te suis plus, là…

Tout revient en cascade dans ma tête : l'attaque dans le bidonville de Maria et le risque inconsidéré pris par Boong ; les six mille pesos perdus ; le soir sous ma fenêtre où je l'ai vu échanger avec un inconnu ; les disputes à répétition avec Jim… Et encore l'autre jour, sous la fenêtre du bureau de papa, il épiait, c'est sûr ! Et il nous posait tout le temps des questions sur papa et sur son travail… Et moi qui lui faisais une confiance aveugle… Et Jim ? Sont-ils complices ? Je revois tous les épisodes qui auraient pu me mettre la puce à l'oreille : il s'est infiltré dans notre famille pour espionner le travail de papa et agir au moment opportun ! C'est pour cela qu'il feignait d'être si proche de Toto et de moi, pour nous berner et nous utiliser plus facilement ! LE TRAÎTRE ! Je raconte tous ces détails au père, qui m'écoute scrupuleusement. À la fin de mon récit, il sort un pilulier de sa poche :

– Bon, Jade, il faut que tu te reposes encore. On s'organisera quand ton père sera là. Prends ça pour le moment et laisse-toi aller au sommeil !

Sans poser de questions, j'avale la pilule blanche que le père me tend. Quelques minutes plus tard, une fatigue écrasante me reprend… Je m'endors sans lutter.

Divines retrouvailles

Lundi 18 mars, début d'après-midi, le passé au présent

La lumière se fait de plus en plus perceptible, le brouhaha de fond plus audible… Le visage d'un jeune homme apparaît et flotte au-dessus de ma tête. Il me sourit… Je suis comme dans du coton et je n'arrive pas à désengourdir mon corps, je dois rêver, ou alors je suis morte ?

– Ma chérie, réveille-toi… Je suis là…

– Pa… Papa… ? Je croyais que c'était… Enfin j'avais cru reconnaître…

– Oui, mon ange, tout va bien, je suis là…

Je n'ai plus les idées bien claires, moi, voilà que j'ai des hallucinations maintenant, je mélange tout !

Papa me sourit, mais je sens que ça ne va pas durer.

– Papa ! Boong, c'est un traître ! Il…

– Oui, père Alex m'a un peu expliqué, tu vas tout me raconter. Mais avant je veux savoir ce que tu faisais dans ce bidonville. Je croyais pourtant t'avoir interdit formellement d'y aller !

Son sourire n'a en effet pas duré… Il est temps d'être honnête avec lui, je me décide à tout lui confesser, sans détour et en détail. Il m'écoute attentivement sans ciller. Je sais que je vais beaucoup le décevoir…

– Jade, merci de m'avoir enfin dit la vérité. Tu vas rester ici aujourd'hui et aider père Alex à soigner les malades, il te reste un bras valide. Nous reparlerons de tout ça plus tard. Maman n'est pas encore au courant car elle est absente toute la journée… Heureusement, elle en serait malade d'inquiétude, et en ce moment elle est fatiguée et fragile, il faut la protéger de toute émotion… C'est une chance incroyable que ce feu t'ait permis de te sauver… Et pourtant… Quel drame !

– Et Thomas ?

– Figure-toi que ton petit frère a essayé de venir te sauver ce matin…

– Quoi ?

– Oui, mais dans notre malheur, la chance était quand même là et nous l'avons récupéré… Il est à la maison maintenant et Jim le raccompagne en classe cet après-midi. Je l'ai sacrément grondé. Mais qu'ai-je fait au bon Dieu pour avoir des enfants pareils !

Le nom de Jim me fait réagir :

– Jim ? Ce…

– Jade ! Jim est mon garde du corps… Jardinier, c'est une couverture, il est là pour me protéger depuis mon arrivée, car les sujets sur lesquels je travaille sont sensibles… Tu en as eu la preuve… Si j'avais su que vous étiez en danger aussi…

– Jim ? Garde du corps ? C'est le monde à l'envers !

– Oui… On ne se méfie pas toujours des bonnes personnes…

– Attends, papa… Avant de te raconter je… voudrais te dire que… je suis désolée, je te demande pardon de t'avoir menti.

– C’est bon, Jade, nous en reparlerons… J’espère au moins que tout cela te fera grandir et mûrir. Quant à moi, je suis vraiment désolé d’avoir mis la vie de ma famille en danger… Je ne me le pardonnerai pas facilement.

– Oh mon papa…

Nous tombons en larmes dans les bras l’un de l’autre…

– Bon, raconte-moi tout maintenant… Boong et le reste.

Ce que je fais dans les moindres détails. Je raconte aussi le jour où nous nous sommes fait caillasser. J’ai honte de mes mensonges mais je ne veux plus rien cacher ?

– Je vais prévenir les autorités… La police est bien trop corrompue ici, je ne sais pas ce que je dois leur dire, mais je connais quelques têtes bien placées qui doivent pouvoir m’aider à retrouver Boong.

– Fais attention à toi, papa !

Il s’en va et je me retrouve seule face au flot de mes pensées. Ce que j’ai mal au crâne !

– Bonjour, mademoiselle Courtalys !

Je sursaute à cette salutation enjouée et taquine et me retourne. La violence de la surprise est tout aussi forte : j’ai du mal à croire ce que je vois.

Mais qu’est-ce qu’il fait ici ?

– … Alors ça !

– …

– Alors ça !

– Eh bien, je ne m’attendais pas à une telle réaction.

– Gaspard ? C’est toi ? Gaspard de Montalis-Chafford ?

– Eh oui ! C’est bien moi, en chair et en os, pour vous servir ! Mais pour les gens d’ici je ne suis que Gag’ !

– Gag’ ? Le fameux Gag’ du blog ?

– Eh oui !

– Mais je le lis très souvent !

– Je sais, j'ai vu que tu rejoignais les rangs de mon Audimat en laissant des commentaires ! J'ai été surpris que tu ne me contactes pas directement d'ailleurs !

– Mais comment voulais-tu que je sache que c'était toi ! Il n'y a pas une seule photo de toi sur ton blog ! Seulement de tes aventures…

– Oui, c'est vrai que je n'aime pas trop me montrer… Ce sont les gens d'ici que je veux mettre en avant…

Mon cœur bat la chamade et je suis prise d'une euphorie incontrôlable ! Gaspard, après tout ce temps… C'est juste dingue ! Mes yeux ne peuvent se détacher de son regard si profond. Et sa voix… Si grave, si… masculine ! Il est devenu encore plus beau… plus bronzé, plus musclé… J'avais oublié à quel point il avait une bonne tête ! Nous restons en silence un petit moment à nous regarder, comme pour essayer de retrouver notre complicité du temps passé… C'est fou, cette histoire, je n'en reviens pas ! Mouna dirait que la Providence n'est jamais bien loin, je dois admettre que, dans cette situation, elle est même très présente !

– Alors, raconte-moi, que deviens-tu ? Que fais-tu aux Philippines et dans mon bidonville, en plus ?

– Papa a été muté à Manille pour travailler avec les organisations humanitaires sur place et nous l'avons suivi, ça fait plusieurs mois déjà !

– Ah oui, il bosse avec notre organisation alors ? C'est étonnant que je ne l'aie pas rencontré…

– Toutes les missions sur lesquelles il travaille sont confidentielles… Mais il était là il y a cinq minutes, dommage que vous vous soyez manqués !

Nous discutons encore, le temps s'est arrêté et rien n'existe plus autour de moi que le regard intense de ce brun ténébreux. Ce qui est étrange, c'est qu'il m'est aussi familier qu'il m'est étranger. Je me sens toute drôle et j'ai l'impression que mes douleurs physiques se sont momentanément dissipées. Gaspard me raconte son parcours en quelques mots, les États-Unis en famille, le début de ses études de médecine, puis cette envie de partir à la rencontre des plus pauvres avec l'association Enfants du Mékong, qui l'a mené jusqu'à Manille où il vit depuis deux ans. Il est immergé dans un bidonville, il vit avec la communauté et aide comme il peut ceux qui en ont besoin… Vaste programme ! Il m'explique qu'il termine son volontariat de deux ans en juin pour passer à la prochaine étape de sa vie : terminer médecine.

– Mais au fait, merci, Gaspard, c'est à toi que je dois d'être encore en vie !

– Eh oui ! Enfin, heureusement que ta copine arrivait encore à marcher, je n'aurais pas pu en porter deux !

Je rougis. Je sens les larmes me monter aux yeux à la sinistre pensée que d'autres auraient pu être sauvés s'il n'avait pas dû s'occuper de moi… Ce que j'ai été bête ! Égoïste aussi, peut-être : je voulais tellement aider pour me sentir mieux que je n'ai pas pensé à l'intérêt de tous…

– Jade, Gag' ! J'ai besoin de volontaires ! Vite !

Marco nous appelle depuis la route. Il se passe quelque chose. Je marche aussi vite que je peux : mes douleurs multiples refont surface, jusqu'à ce que Gag' attrape ma main valide pour m'entraîner et me soutenir. Oh, ce qu'il est beau !

Gaspard… Ce rêve que je faisais si souvent… Comme si je sentais ce qui allait arriver… C'était un rêve prémonitoire !

C'est la Providence, ça ! Dire que j'ai rêvé de cette silhouette à plusieurs reprises sans y prêter plus d'attention… J'aurais dû mieux écouter mes intuitions… Ce n'est pas pour rien qu'on dit que le bon Dieu est en nos cœurs…

Trêve de philosophie, dehors, c'est le chaos… Des familles entières sont sur les trottoirs, des gens saignent, souffrent de grosses brûlures. C'est une vraie cour des miracles.

– Il faut les soigner !

– Oui, apportez les pharmacies itinérantes et installez les blessés graves sur les nattes de la pièce principale. Nous allons recréer une infirmerie d'urgence avec les moyens du bord. Ces gens sont les oubliés du pays, personne d'autre que nous ne s'en occupera, alors au travail !

Avec Gag' et Marco, nous déménageons l'espace, installons les matelas et aidons les personnes souffrantes à s'installer… C'est l'enfer. Il y a trop de monde, partout les enfants pleurent et gémissent… Mon poignet me brûle mais je ne peux pas me plaindre. Par qui commencer ?

Il nous faut de l'aide, ce serait bien que Debj puisse venir nous aider ! Je prends le téléphone que papa m'a laissé et je l'appelle : elle ne répond pas, alors je lui laisse un message. Jun nous retrouvera certainement après aussi : je lui laisse tout de même un mot pour le remercier de son aide et pour savoir où il est… Il doit déjà être auprès de Divine à l'hôpital.

Marco, qui m'a entendue parler au téléphone, me dit :

– Tu cherches Debjani ?

– Euh… Oui !

– Elle n'est pas là cette semaine… Elle est avec sa mère…

– Ah bon ? Mais… comment tu sais ça, toi ?

– Je… lui ai proposé un ciné… mais elle m'a dit qu'elle partait avec sa mère…

Ouuuh la cachottière ! Elle ne m'a jamais reparlé de Marco. La connaissant, elle doit le faire tourner en bourrique… Elle est tellement entière et indépendante ! Je donnerai plus tard quelques petits conseils la concernant à ce bon Marco…

– Allez, les jeunes, par ici !

– On est là, père Alex !

Allez, c'est maintenant qu'il faut agir.

Le temps passe à toute vitesse : je n'arrête pas une seconde malgré ma faiblesse. Gaspard soigne les plus touchés quand je tente de réconforter les plus tristes… Certains doivent impérativement se rendre à l'hôpital et père Alex fait appel à des équipes d'étudiants infirmiers volontaires pour aider. Il est 16 heures et les enfants commencent à s'endormir, les derniers soins sont administrés par les infirmiers et Gag' vérifie que rien d'urgent ne va nécessiter son attention. D'après ce que j'ai pu voir, il fera sûrement un médecin très efficace…

Je m'apprête à me poser un peu quand papa revient avec Jim et quatre types en noir.

Tous à vos postes !

Lundi 18 mars, fin d'après-midi, tristes révélations

– Boong est introuvable et les autorités ne peuvent soi-disant rien faire ! Quelle bande d'incapables !

Papa est en colère. Il est allé porter plainte contre Boong et il a appelé ses contacts, mais la police ne veut rien faire. Avec Jim et ses amis, nous allons devoir nous débrouiller seuls si nous voulons empêcher ce gang de nuire.

– Bon… Bonjour, Jim…

– Bonjour, mademoiselle Jade ! Jardinier pour vous servir, garde du corps pour vous protéger. Je suis français d'origine philippine… Ça a marché, non ?

– Sûr ! Enfin sauf pour le jardinage !

– Ha ha ! Pardon pour ma froideur, mais c'était le seul moyen de ne pas éveiller les soupçons. Il était indispensable que je puisse travailler dans l'ombre…

– Eh bien, si tu veux te reconvertir, le cinéma t'ouvrira ses portes ! Enfin… je devrais peut-être te dire « vous » du coup… ?

– Non, certainement pas !

Je n'en reviens pas de redécouvrir cette personne que j'ai tant détestée… Et l'inverse est vrai avec Boong ! Mouna me l'a pourtant répété : « L'habit ne fait pas le moine ! »

– Jade, on va vraiment avoir besoin de toi sur ce coup-là… Tu as passé plusieurs heures avec les hommes du gang des 5X et il faudrait que tu essaies de te souvenir…

– Ça va être dur, ils n'ont cessé de nous assommer, alors les souvenirs…

– Jade, fais un effort, s'il te plaît ! insiste papa. C'est la seule chance que nous ayons de pouvoir retrouver ce gang sans la police.

Je me concentre comme je peux… Des bribes de mots en tagalog me reviennent, des images floues, le souvenir des gifles… Je revis l'enfer…

– Papa… Je ne veux pas y penser, c'est trop…

– Jade, je sais mais je t'en supplie, cherche encore un peu…

Je replonge dans l'horreur de la nuit passée. Les regards sont fixés sur moi. Gaspard, qui vient d'entrer, me dit :

– Jade, essaie de te souvenir sans ressentir… Réfléchis simplement…

– Oui…

Il a raison, il faut juste que je regarde mes souvenirs comme on regarde un film… Les types ivres… Le réveil alors qu'on me porte en marchant… La cabane puante… Divine qui pleure…

– Oui !

– Quoi ?

– Je me souviens d'un truc ! C'est Divine qui a entendu ça en tagalog !

– QUOI ?!

– Ils ont parlé d'un rendez-vous, un rendez-vous mardi matin… Au centre commercial de… de… Mince… Je ne me rappelle pas le nom…

– Jade, il y a plus de cinq cents centres commerciaux ici !

– Oh… Je… C'est au… au… Mall of Asia !

– Bravo, Jade ! Merci !

Ouf… Plutôt difficile comme exercice.

– Bon, il va falloir nous organiser maintenant, dit Jim.

– Nous ne pouvons pas compter sur la police, nous allons donc devoir agir seuls. Qui est des nôtres ? demande papa.

Gaspard et Marco, qui ont suivi l'affaire, lèvent la main. Les quatre types qui accompagnent Jim aussi, et moi, bien sûr.

– Jade… Pas toi, non !

– Papa ! Je te rappelle que je suis la seule qui puisse contacter Boong sans qu'il se méfie ! Il était mon ami, presque un confident, et il ne sait pas encore que je l'ai démasqué !

– Il n'est pas question de le contacter puisque nous allons lui tendre un piège demain matin. Toi, tu vas rester tranquille maintenant ! Et puis, il croit peut-être que tu es morte dans l'incendie…

Mon Dieu… En l'imaginant, j'ai des frissons…

– Monsieur ? reprend Gaspard. Si je peux me permettre, votre fille, après ce qu'elle a vécu, a le droit de vouloir vous aider, et nous avons besoin d'être en nombre… Elle a montré sa force de caractère et son courage, vous devriez accepter son aide.

Merci, Gaspard !

– Mais c'est Gaspard ! Je me disais bien que tu me rappelais quelqu'un ! Alors ça, incroyable de se revoir ici, à l'autre bout du monde !

Papa lui sourit, puis il s'assoit en posant sa tête entre ses mains, c'est ce qu'il fait quand il réfléchit. Après dix bonnes minutes de silence, il se relève et dit :

– Bon. Jade, je suis d'accord pour que tu nous aides, mais tu ne sortiras de la cachette que nous te trouverons demain que si je te l'ordonne. Est-ce bien clair ?

– Oui, papa.

– Ce soir, nous allons planifier notre piège. Jade, je vais appeler ta mère pour lui expliquer ce qu'il se passe. Toi, tu vas rester dormir ici, c'est plus prudent qu'à la maison. Je vais aller installer ta mère et Thomas à l'ambassade pour plus de sécurité, tant que le gang des 5X n'est pas arrêté, nous sommes tous en danger.

– OK.

– Bon, je repasse au village, Jim vient avec moi. Je ne pense pas que Boong se rendra à la maison, mais il a les clés, la voiture, et je ne veux prendre aucun risque. Commencez à réfléchir et on se mettra d'accord ce soir dès mon retour. Il va nous falloir des armes et des gilets pare-balles, et un plan bien ficelé… Il est probable que nous devions nous rendre dès ce soir au parking nous cacher. Ils ne doivent surtout pas nous voir arriver.

Papa et Jim s'en vont. Nous installons nos quartiers sous le regard bienveillant du père Alex, qui nous soutient. Il semble assez inquiet cependant, et il y a de quoi.

Papa revient avec Jim trois heures plus tard, avec du matériel et de la nourriture. Il a également un mot de maman pour moi, que j'ouvre aussitôt :

Ma chérie,

Papa m'a raconté cette terrible histoire… Heureusement que je ne l'ai apprise que lorsque tu étais saine et sauve ! Je t'aime tellement ! Repose-toi bien et soigne bien ton amie…

Maman.

Et Toto !

Je fronce les sourcils, Maman n'a pas l'air au courant de la suite des opérations… Pourquoi papa, qui d'ordinaire partage tout avec elle, ne lui dit-il rien ? Il a dit tout à l'heure qu'il fallait la protéger, qu'elle était fragile. Pourquoi ? Mon cœur se serre à l'idée qu'elle puisse être malade. L'angoisse monte. Et s'il nous arrivait du mal ? Et si nous étions tués demain ?

Chaud !

Mardi 19, tôt le matin, peau de lapin !

La nuit a été courte et tendue dans ce parking glauque du Mall of Asia… Personne n'a dormi et cela se voit. Nous avons fait des tours de garde et sommes en alerte. Nous nous sommes installés avec notre campement dès hier soir vers minuit afin de ne pas nous faire repérer ce matin et pour être là au plus tôt, ne sachant pas vraiment quand ni comment nos cibles allaient se montrer. Nous sommes répartis dans deux voitures blindées prêtées par l'ambassade de France et nous attendons depuis un bon moment. Il est bientôt 7 heures du matin, et j'irais bien me dégourdir les jambes… Nous attendons, nous attendons… Le temps est de plus en plus pesant…

Mais ça ne dure pas : les crissements de pneus d'une voiture se font entendre dans le parking supérieur… Mince, et si ça se passait là-haut ? La voiture continue de rouler, quand je la vois surgir à notre niveau… C'est notre voiture ! C'est donc Boong !

Soudain la porte de ma voiture s'ouvre et Jim se glisse discrètement derrière un poteau, suivi de ses acolytes. Papa, à qui j'ai juré hier que je ne bougerais pas, se met derrière une voiture, et Gaspard derrière une autre. Trois types sortent de notre voiture volée et deux autres les rejoignent à pied. Je ne vois pas Boong, mais je reconnais mes agresseurs…

– LES MAINS EN L'AIR !

Jim est sorti de sa cachette le pistolet à la main et tient les cinq hommes en respect. Boong n'est pas parmi eux. A-t-il flairé le piège ? C'est probable, car deux autres hommes sortent d'une autre voiture pour prendre Jim à revers. Un coup de pistolet est tiré, puis un autre accompagné d'un cri étouffé… Un corps tombe à terre, c'est le gars qui giflait Divine ! Il est visiblement blessé et ne se relève pas. Je ne vois toujours pas Boong. J'entends des cris, un tumulte, des ordres hurlés, des plaintes, une lutte à terre… C'est horrible ! Je suis allongée sur la banquette arrière du 4 × 4, je ne respire plus.

Papa est toujours accroupi derrière une voiture, il tire avec l'arme que Jim lui a donnée : je ne savais pas qu'il savait se servir de ça ! Le temps s'est arrêté et je n'ai plus qu'un réflexe, prier… Les minutes sont interminables. Puis j'aperçois par la vitre teintée qui me protège un autre homme tomber à terre… Dehors, le vacarme est terrifiant, la violence qui règne est apocalyptique : je pars dans une autre dimension où peu à peu je n'entends, ne vois ni ne sens plus rien… Mais mon visage reste collé à la vitre teintée.

Tout à coup, Gaspard, qui était caché derrière une camionnette, sort en courant de sa cachette et se jette sur un homme qui s'écrase par terre. Je les vois se battre, lorsqu'un autre homme pointe son arme sur Gaspard qui n'a rien vu.

– NAAAAAAAAAN ! GASPARD, ATTENTION DERRIÈRE !!!

Je n'ai pas mis une seconde pour surgir de la voiture…

– JADE, RENTRE !

Jim et papa se précipitent sur Gaspard et l'éjectent sur la droite, lui évitant ainsi de se prendre une balle en pleine tête, mais le coup est parti et un gémissement de douleur se fait entendre.

– PAPA ?

Un bruit de moteur résonne d'un coup : une voiture débarque en trombe avec deux hommes à l'intérieur. Je reconnais Boong qui conduit et je crie de nouveau :

– Papa, c'est BOOOONG !!!

C'est alors que Gaspard se jette sur le pare-brise avant de la voiture en mouvement et s'y accroche. La voiture vire à droite, puis à gauche, puis à droite pour essayer de le dégager, mais il reste accroché comme une araignée à sa toile. Jim se lève, pointe son arme et tire : une fois, deux fois, trois fois, en visant les roues du véhicule… Papa est assis derrière un autre pylône et ne bouge plus…

L'un des acolytes de Jim m'attrape par le bras et me fait rentrer dans la voiture… Je n'arrive plus à réfléchir… Je me replie alors sur moi-même, crispée, j'entends des sirènes, et puis plus rien… Je ne veux plus voir ça…

– Jade ?

– …

– Jade, c'est bon, relève-toi !

– NON !

– Jade ! Respire, c'est bon… Ils ont été interceptés : Boong a été arrêté par l'un des amis de Jim et la police vient d'arriver !

– Arrêté ? Boong ? Ça y est ?

– Oui… Et ce salaud a tué deux de ses « amis » pour pouvoir s'enfuir plus vite… Tu imagines le monstre, aucun sentiment…

– Oh !

– Oui. Une belle ordure en tout cas ! Deux de ses compères ont été abattus alors qu'ils s'apprêtaient à lancer une grenade sur la voiture dans laquelle tu étais… Boong portait sur lui de la dynamite et des armes très dangereuses : Dieu seul sait ce qu'il préparait…

– C'est vrai ? Mon Dieu… De la dynamite… Des morts… Quelle horreur !

– Allez, c'est fini, Jade !

Hébétée, je mets un certain temps à sortir de cette torpeur anesthésiante et je réalise que le calme qui règne maintenant autour de nous est signe de chaos. Je regarde timidement dehors. La police jette un drap blanc sur un corps à terre et j'entends un des policiers dire en anglais dans son talkie :

– Certaines cibles mises hors d'état de nuire. Deux hommes abattus. Demande ambulances. Stop.

Boong est menotté et un policier lui baisse la tête pour le faire entrer dans la fourgonnette… Malgré tout, je ne peux m'empêcher d'avoir de la peine. Il a vécu avec nous pendant plusieurs mois après tout, et nous lui faisions confiance, il était un ami… Quoi de pire que d'être trahi par ceux qu'on aime ? Quand je pense que j'ai moi-même trahi la confiance de mes parents… Les larmes me montent aux yeux : comment ai-je pu ?

– Relève-toi, Jade, il faut partir.

Gaspard m'aide à me relever. Puis c'est avec papa, qui transpire à grosses gouttes, que je me mets vraiment debout. Il est blanc comme un cachet d'aspirine, il a du mal à marcher et il…

– Papa ? Ton bras ? Il pisse le sang !

Mon esprit se réveille d'un coup, en même temps que la douleur de mon poignet : elle me met à genoux, j'ai mal, j'ai chaud, je n'en peux plus… Je revois en flash papa, Henri, Mouna, Amélie, maman, Felipe, le chaman, Debj, Antoy, Toto, Maria-Mae, Gaspard… Je retombe dans les pommes.

Tout est bien...

Mois de juin, qui finit bien

– Alors, alors ?

– Attends, je lis !

– Regarde bien à la lettre C !

– … Carlos, Cartel, Celimio, Cordosas…

– … COURTALYS ! Je l'ai ! J'ai mon bac ! Mention assez bien !

– Moi aussi ! Mention bien !

– Et moi aussi ! Mention… Je l'ai ! J'y croyais pas… souffle Jun.

Nous avons tous les trois notre bac ! C'est la fête ! Cette bonne nouvelle signe la fin d'une période d'examens, de stress et de tension que je suis très heureuse d'avoir derrière moi. Et j'ai mon bac ! Fini le lycée, à moi les études de mon choix, à moi la *libertad*, comme disent les Espagnols… enfin, quand ma punition sera levée !

– Bravo, ma chérie ! Nous sommes fiers de toi ! Et du premier coup en plus ! dit maman qui a la délicatesse de ne pas relever que j'ai déjà un an de retard.

– Oui, ma belle, je suis d'accord avec ta maman, ce soir, champagne !

– Oui, c'est trop bien ! Enfin… dommage que je sois encore punie…

Je suis un brin provocatrice car, depuis mes folles aventures et mes mensonges, je suis privée de sorties et de vacances avec mes amis, et j'espère que l'obtention de mon bac va changer la donne. Et c'est tout de même en partie grâce à moi que Boong a été démasqué, attrapé, et qu'il a fini par avouer et dénoncer tous les membres de son gang ! C'est un peu parce que j'ai désobéi que nous avons découvert tout ce qu'il tramait dans le dos de papa. En plus, il était en voie de faire intervenir encore un autre gang, ça aurait pu se finir avec des bombes… Si on y réfléchit, j'ai participé à l'élimination d'un gang ultraviolent qui détournait de l'eau pour s'enrichir sur le dos des pauvres… Un sacré panier de crabes ! Et pour me remercier, on me punit ?

Papa me dit qu'il ne faut pas tout confondre et que même s'il m'a trouvée très courageuse, il ne peut pas passer à côté de mes mensonges et de ma fuite secrète avec Divine, entraînant mon petit frère qui plus est. « La fin ne justifie pas a posteriori les moyens », m'a-t-il dit. Heureusement que d'un mal Dieu peut tirer un plus grand bien, mais il paraît que je n'ai pas à m'en enorgueillir et je sens bien que sur le fond il a raison. Thomas, qui m'a imitée, a eu une punition plus légère, il faut dire qu'il n'a fait que suivre celle censée donner l'exemple… J'ai juré aux parents que j'avais compris et que je ne mentirais plus jamais… Mais « pour montrer l'exemple » et pour que Thomas et moi soyons logés à la même enseigne, je suis punie et lui aussi ! Et cela fait plus de trois mois ! Heureusement que je devais réviser mon bac, sinon je serais devenue folle… Le pire, c'est que papa est resté à la maison tout le mois de mai et de juin à cause de sa blessure au bras : la balle qu'il a reçue lui a cassé l'avant-bras et il a dû se faire opérer pour extraire la balle. Ensuite il a été arrêté par le médecin. Je n'ai pas pu m'empêcher de culpabiliser à le voir alité.

Et Debjani qui me proposait de partir avec elle en Inde cet été : *niet !* Je n'ai même pas eu le droit de supplier d'un mot : « HORS DE QUESTION ! » Je suis tellement déçue, c'est indescriptible... Mais bon, après réflexion, je reconnais que j'ai manqué d'honnêteté envers mes parents, ça se paie... Surtout envers eux qui m'accordaient une confiance sans bornes. Bon Pap' dit toujours : « La confiance se donne une fois, mais si elle se perd, il faut au moins dix ans avant de pouvoir la redonner. » Avec ça, je ne suis pas dans le pétrin, moi ! J'ai trahi la confiance que m'accordaient mes parents, et je crois qu'aujourd'hui je dois accepter d'en payer le prix... Enfin, jusqu'à un certain point ! Il faut que je négocie pour les vacances en Inde ! Et ma mention au bac va peut-être me servir...

La seule sortie que papa m'a autorisée, si ce n'est imposée, c'est le *feeding program.* Depuis la fin des examens, j'y passe tout mon temps libre. J'adore y aller, alors c'est comme une récompense. Et puis ça me permet de voir Debjani qui m'y rejoint tous les samedis. Il y a aussi Marco, son amoureux transi. Le pauvre est fou d'elle mais elle le fait languir ! Pourtant je suis sûre qu'elle l'aime beaucoup... Mais elle veut prendre son temps, faire les choses à son rythme, prier, méditer... Le pauvre ! Quand j'ai demandé à Debjani pourquoi elle ne se lançait pas, elle m'a simplement répondu que les choses importantes se faisaient lentement et qu'elle avait besoin de temps et de réflexion avant d'ouvrir son cœur... Et puis je crois que la mort de son père fait qu'elle redoute de s'attacher, et de souffrir après. Face aux hommes, elle est perdue et elle se protège, sans compter que son histoire avec Fabio n'a pas dû arranger les choses. En attendant, le beau Marco galope, mais au moins il est là… Nous sommes devenus bons amis car je suis là pour répondre à ses tourments quand Debjani se montre trop distante et froide. Enfin, il y a Jun et sa Divine, et puis Gaspard bien sûr ! Je m'entends très bien avec lui, je retrouve une nouvelle complicité et c'est génial… Il est vraiment chouette, ce garçon, vraiment… Vive le *feeding program* donc ! J'aime tellement m'occuper de ces enfants… Quelle joie quand j'ai retrouvé mon Antoy qui allait bien et qui, en plus, est complètement guéri de sa maladie de peau, même pas grâce à mes savons qu'il a perdus dans l'incendie. Comme quoi…

Tout est bien qui finit plutôt bien ! Je suis en vie, ma famille aussi, maman a l'air d'aller plutôt bien et s'est remise de la grosse frayeur que je lui ai faite, mes amis sont super, je me plais finalement beaucoup aux Philippines et quand je ne serai plus punie je serai libre, j'ai retrouvé Gaspard, et j'ai mon bac !

Je me demande comment ça se passe pour Amélie en France… Et Henri… Non, en fait je ne pense plus trop à lui… J'espère juste qu'il va bien ! Je vais de toute façon les retrouver en août et ça va faire bizarre, car nous ne nous sommes quasiment plus donné de nouvelles depuis qu'Amélie est repartie à Noël… Je me demande si elle n'est pas amoureuse d'Henri, c'est peut-être pour ça qu'elle répugnait à me parler de lui. J'ai vu beaucoup de photos où ils sont ensemble sur Facebook. On verra ! Pour le moment, je suis très contente des amis que je me suis faits ici contre toute attente ! Comme quoi, il ne faut jamais avoir peur de quitter ou de perdre, car ce qu'on trouve peut être bien mieux que ce qu'on laisse. Il faut regarder devant et surtout penser que « c'est toujours le meilleur qui arrive si on s'abandonne avec confiance à la vie » ! Oh ! là ! je me transforme en miniversion de maman ! On l'aime tellement... Ça a été dur pour elle, toutes ces aventures...

– Jade, allez viens, on rentre, on va téléphoner à Mouna et Bon Pap' pour leur annoncer la nouvelle !

Tout le monde monte dans la voiture et nous rentrons à la maison. C'est notre nouveau chauffeur, Tony, qui nous conduit. Il a été recruté après moult enquêtes et vérifications, mais papa a mis un terme à toutes ces démarches, refusant de se méfier de tous sous prétexte qu'une personne a été malhonnête :

– On choisit de donner sa confiance, quitte à être déçu, car il n'y a rien de pire que l'avarice des sentiments.

– Maman, sors du corps de papa, s'il te plaît !

– C'est vrai que je me mets à parler comme votre maman ! Ça n'est pas pour rien que je l'aime, hein !

L'étreignant de son bras valide, papa embrasse fougueusement maman : ils sont comme de jeunes amoureux, c'est génial de les voir s'aimer même dans les difficultés, c'est un sacré exemple, je crois que je ne les ai jamais vus baisser les bras tous les deux. Ils forment une équipe de choc qui pourrait donner des leçons de solidarité et de cohésion à n'importe quelle équipe de football ! Je les ai toujours vus se soutenir l'un l'autre, ils arrivent toujours à un compromis qui préserve leur amour. Papa dit que la seule chose qui compte, c'est qu'ils soient ensemble et soudés, un socle solide pour notre épanouissement à nous : j'adhère ! Je reconnais que j'aimerais bien faire comme eux un jour avec l'homme de ma vie ! Maman et papa se sont rencontrés quand ils avaient 27 et 30 ans, et ils ne se sont plus jamais quittés. En plus, je crois que papa était le premier amour de maman, car elle n'en voulait qu'un pour pouvoir tout lui donner. Alors que papa était un fieffé séducteur à ses heures, dans sa jeunesse, avant de n'avoir d'yeux que pour elle.

Je rêve de trouver le mien un jour, ce garçon à qui je pourrai tout offrir… Maman dit que pour ça il faut être prête, solide, « terminée », et ne pas se « disperser ». Ce qu'elle veut dire par là, je crois, c'est qu'il faut d'abord se remplir soi-même : étudier, se cultiver, grandir, méditer, voyager… Bref, qu'il faut se construire avant de penser pouvoir construire à deux, avant de vouloir avoir sa propre famille. C'est comme un pichet d'eau : on ne peut pas remplir le verre si le pichet est vide… Enfin, tout ça c'est théorique, en pratique c'est si compliqué d'aimer et d'être aimé ! Je repense à Henri – mes sentiments à son égard sont presque inexistants maintenant. Ce n'était peut-être pas « le bon »… Heureusement que je ne me suis jamais déclarée, je me serais « dispersée » et je lui aurais donné de moi des choses que plus jamais je n'aurais pu donner à un autre… Mais à qui ?

– Jade ! Bravo pour ton bac ! J'ai appris la nouvelle.

– Merci, Gaspard ! Je suis trop contente ! Et merci d'être là, je…

– C'est normal… En tout cas je voulais… enfin, je souhaitais te dire que…

– … Oui ?

– Je voulais t'en parler depuis longtemps… mais…

– Euh… vas-y !

La chaleur qui me monte aux joues est si brûlante que je dois être cramoisie ! Aïe aïe aïe, mon cœur s'accélère, que se passe-t-il ?

– Jade ! Viens voir !

Ah nan ! C'est pas le moment de me déranger, là !

– Quoi ?

– Ta Mouna au téléphone !

Mouna ! Dans ce cas… Je plante Gaspard sans ménagement. J'arrache presque un doigt à maman qui me tend le téléphone :

– Mouna !

– Ma petite fille ! BRAVO ! Nous sommes si fiers et contents !

– Merci, Mouna !

– C'est un nouveau départ pour toi, tout ça ! Et quel bonheur de savoir qu'on se voit bientôt !

– Oui ! On se voit dans un mois et ça, c'est encore plus génial ! Je suis pressée…

Je garde ma grand-mère au téléphone pendant une demi-heure, c'est la première fois que nous nous téléphonons si longtemps depuis les Philippines. Mes grands-parents ne sont pas au courant de ce qu'il nous est arrivé, nous leur raconterons tout ça plus tard, quand nous serons réunis, afin de leur éviter une syncope. Chaque chose en son temps. Je finis par raccrocher et retourne avec nos invités. Je cherche Gaspard du regard, je ne le vois plus ! Où est-il, bon sang ? Et qu'avait-il de si important à me dire ?

– Vous avez vu Gaspard ?

– Oui, il a reçu un coup de fil urgent et a dû partir, il va essayer de revenir plus tard. Il nous a dit de te prévenir, il t'embrasse au cas où il ne pourrait pas nous rejoindre !

J'aurais dû prendre moins de temps avec Mouna… Bon, il n'y a plus qu'à espérer qu'il puisse revenir : je lui envoie un texto pour lui dire que nous l'attendons pour la soirée.

Je me décide à profiter quand même de ma journée de succès et je vais parler avec toutes les personnes qui sont venues pour moi aujourd'hui : avec Divine et Jun, nous sommes un peu les rois de la soirée. Alors que je m'apprête à ingurgiter un énième verre de jus de noix de coco frais, préparé pour l'occasion par Maria-Mae, papa nous appelle Thomas et moi dans la cuisine, ferme la porte et fait tinter son verre de champagne contre celui de maman, qu'elle me tend sans goûter, radieuse :

– Mes enfants chéris, je profite de cette merveilleuse occasion pour vous annoncer deux nouvelles particulières, aussi bonnes qu'inattendues !

What ? Deux nouvelles ? Qu'est-ce qui pourrait bien s'ajouter au lot d'émotions de ces derniers jours ? La punition est levée, la mienne et celle de Thomas ? Voilà les deux bonnes nouvelles que je voudrais entendre !

– Maman et moi, nous attendons enfin votre petit frère ou votre petite sœur ! Depuis le temps que l'on espérait, on ne l'attendait plus mais nos prières ont été exaucées ! Et le bébé aura le privilège de naître en Amérique du Sud !

– … Quoi… Quoi ?

QUOI ? Thomas et moi sommes séchés ! Maman attend un bébé ? Qui va naître en Amérique du Sud ?

Je me précipite sur maman pour la serrer dans mes bras. Tout à coup, tout s'explique, sa fatigue, papa aux petits soins et cherchant à la préserver de tout ! Je ne peux m'empêcher d'être inquiète. Et si cela finissait mal… comme la dernière fois !

– Mais maman, tu es sûre que…

– Oui, mon cœur, le médecin dit que tout va bien et nous avons attendu longtemps avant de vous le dire, pour en être certains.

Quelle aveugle je suis ! Toute à mes révisions, je n'ai même pas vu le petit ventre qu'elle peine à dissimuler sous sa robe ample et légère. J'en ai les larmes aux yeux. Merci, mon Dieu !

Thomas, lui, reste en état de sidération. Il bafouille :

– Mais… on quitte les Philippines ?

– Je suis muté en Amérique du Sud dès septembre prochain, la nouvelle vient de tomber, explique papa. Après ce qu'il s'est passé, je ne peux plus rester aux Philippines pour le moment, donc nous déménageons là-bas ! En Argentine précisément. Enfin, sans Jade qui est tellement contente de rentrer à Paris ! Alors, heureux ?

Au revoir

Rien ne se termine jamais, tout commence toujours

Les sacs sont prêts, les valises bouclées, la maison est presque fermée : tous nos amis sont avec nous, car il est bientôt l'heure de partir pour l'aéroport, la mort dans l'âme, celle-là même qui me tiraillait il y a de cela presque un an, quand nous partions pour Manille.

L'histoire se répète, nous repartons. Mais cette fois je repars avec cette nouvelle conviction qu'il faut toujours regarder vers l'avant, avec enthousiasme. L'an passé, je maudissais ce pays dans lequel nous allions, et finalement cette année a été la meilleure de ma vie… Alors je fais le pari que ce nouveau départ pour l'inconnu nous réserve le meilleur, même si c'est dur de tout recommencer encore… Je le décide, je le veux : je fais confiance à la vie et au bon Dieu pour nous « combler de ses bienfaits », comme dirait maman. Et puis, avec l'arrivée d'un petit frère ou d'une petite sœur latino, l'année promet d'être particulière !

Mais c'est troublant de réaliser qu'on rentre en France, chez nous, dans notre pays natal, avec la sensation de laisser un bout de notre cœur ici… Je suis chez moi ici aussi !

– Vous êtes prêts, mes choux ? On trinque une dernière fois et on y va ?

– Attendez ! Gaspard arrive dans cinq minutes !

Nous n'attendons plus que lui : Divine, Jun, Debjani, Marco et Âbha, des collègues de papa et des amis de Thomas, même le père Alex est venu. Ils sont tous là pour un ultime pot d'au revoir, puis ils nous accompagneront vers l'aéroport international.

Nous rentrons en France… Maman et papa m'ont dit que si je souhaitais rester y étudier l'an prochain, je le pouvais. Oui, je suis libre de choisir, ils pensent que c'est maintenant à moi de décider de mes études. Toute punition étant enfin levée, ou presque, et les choses ayant changé dans ma tête, j'avoue ne plus trop savoir où je veux habiter… Je prendrai ma décision plus tard. L'école du Louvre a accepté de me faire passer un test car je n'ai pas pu aller au concours d'entrée de la session de septembre. J'ai une pré-inscription en fac d'histoire de l'art, qui peut se faire par correspondance et après toutes ces journées dans les bidonvilles, je commence à me demander si je ne pourrais pas être infirmière…

Je n'ai pas revu Gaspard depuis les résultats du bac, car il a dû partir en province surveiller la construction d'une école…

Ding dong !

– C'est Gaspard ! Jade, va ouvrir !

Mon cœur, mon cœur… Inspiration-expiration…

– Gaspard !

– Salut, Jade ! J'ai cru que je n'arriverais jamais à temps !

– Ça va ?

– Oui et toi ? Je suis content de te voir…

– Euh… Oui, oui, moi aussi ! Entre, on n'attendait plus que toi pour trinquer au départ…

La fête se déroule dans la joie, comme d'habitude ! Chacun nous a préparé un petit discours d'adieu, Âbha et Debj' sont très émues. Elles m'offrent trois kilos de vêtements de la dernière collection Girls are Glams siglés D&J pour nos deux initiales. Je vais être super stylée pour mon retour en France ! Avec Debjani, on a passé deux jours à discuter la semaine dernière : c'est mon amie pour la vie ! Et même si je n'ai pas obtenu les vacances en Inde comme levée de punition, je sais que j'y serai toujours invitée, et que j'irai un jour. Divine et Jun m'ont préparé un cahier avec plein de photos et de messages… Je l'entrouvre et reconnais la bouille adorable de mon Antoy, avec à côté une petite griffe qui doit être son prénom gribouillé et un cœur dessiné… Je ne me sens pas d'en découvrir plus devant tout le monde, je connais mon émotivité dans ces cas-là : je le lirai dans l'avion. En attendant, je serre mes amis dans mes bras : nous nous promettons amitié pour la vie, de toute façon on gardera contact avec Facebook !

– Allez… C'est l'heure !

C'est avec le cœur lourd que le programme s'enchaîne : chargement des bagages, fermeture de la maison, adieux pleins de larmes avec Maria-Mae… Au moment de notre départ, elle me tend *Cyrano*, que j'ai oublié dans un coin. Je regarde avec émotion la couverture usée par mes nombreuses lectures, pourtant, à mes yeux il n'a plus la même importance qu'avant. J'arrache la dédicace d'Henri.

– Tiens, Gaspard, je te le laisse si tu veux…

Convoi de voitures jusqu'à l'aéroport… Puis le moment de se séparer arrive et Gaspard m'attire sur le côté :

– Jade…

Ces yeux verts, cette gentillesse…

– J'ai quelque chose pour toi, moi aussi.

Il me tend une petite enveloppe que je glisse dans ma poche en fuyant son regard que je ne peux plus soutenir. J'ai les larmes qui montent.

« L'embarquement pour le vol Manille-Abu Dhabi avec correspondance pour Paris va se terminer, famille Courtalys : dernier appel avant la fermeture des portes ! »

C'est dans la précipitation que nous nous arrachons aux bras de nos amis. Nous traversons en courant tout l'aéroport de Manille et je pleure de quitter ce pays que j'ai tant aimé. Nous nous retrouvons à bord d'un Boeing identique à celui de l'an dernier, parés pour vingt heures de voyage, seize heures de souvenirs, de bilan et de préparation à un nouveau départ… *Once again !*

Avertissement de l'éditeur :

Si l'héroïne dont vous avez lu les aventures est un personnage de fiction, ce roman est néanmoins inspiré de faits réels et de personnages existants, que l'éditeur remercie.

L'auteur a abondamment puisé dans son expérience humanitaire. Retrouvez son parcours sur son blog : http://lestrottoirsdemanillepourapprendreamarcher.blog.youphil.com/

Les actions menées en Asie du Sud-Est auprès des enfants pauvres par l'association Enfants du Mékong sont réelles. Pour en savoir plus et découvrir l'action des volontaires appelés « Bambous » rendez-vous sur : www.enfantsdumekong.com

Enfants du Mékong

Composition et mise en pages : Facompo, Lisieux
Achevé d'imprimer en août 2013
par Legoprint (Italie)
Dépôt légal : septembre 2013